Astrologische Vorhersagen und Rituale 2024

Astrologen

Alina A. Rubi und Angeline Rubi

Allgemeine Vorhersagen 2024

Das Jahr 2024 ist da! Ein bedeutendes Jahr auf astrologischer Ebene. Wir werden Zeuge von Ereignissen, die sich allgemein auf die Welt auswirken, eine Periode kollektiver Transformation steht bevor. Eine Zeit der Reflexion, Abstraktion, Bewertung und Trennung von dem, was nicht mehr funktioniert.

Wir werden eine Umstrukturierung der politischen Systeme erleben, die Veränderungen im Kräfteverhältnis, die Manifestation neuer politischer Trends und Veränderungen in der Funktionsweise von Behörden und Regierungen mit sich bringt.

Plutos Energie wird zu bedeutenden Veränderungen in der Wirtschaft führen, neue Branchen und Unternehmen werden entstehen, aber der Niedergang der etablierten wird sich fortsetzen. Es ist der Beginn eines neuen Wirtschaftszyklus mit viel Potenzial für Innovationen.

Pluto wird weiterhin katastrophale Auswirkungen auf die soziale Struktur der Länder haben. Alle Themen, die mit Macht, Kontrolle und Autorität zu tun haben, werden in diesem Jahr auf der Titelseite der Nachrichten stehen. Dies wird dazu führen, dass sich neue Machtstrukturen herausbilden werden. Es ist der Beginn einer Ära mit mehr Werten und sozialem Bewusstsein.

Eine Verschiebung der Kräfte der Weltmacht steht bevor, denn die Rückkehr von Pluto bedeutet für die Vereinigten Staaten eine Zeit der Metamorphose. Dies bedeutet eine Veränderung des Kräftegleichgewichts zwischen allen Ländern der Welt, und wir werden das Auftauchen neuer Akteure auf globaler Ebene und die Umgestaltung der Weltbeziehungen erleben.

Am 20. Januar 2024 um 19:51 Uhr (EST) wechselt Pluto vom Steinbock in den Wassermann. Dies ist kein endgültiger Transit, denn Pluto wird in der Nähe des Tages der US-Wahlen in das Zeichen Steinbock zurückkehren und am 19. November 2024 wieder in den Wassermann wechseln. Diese Wahlen werden unvergesslich sein, da der Aufenthalt Plutos im Steinbock vom 1. September bis zum 19. November mit diesen Wahlen zusammenfällt. Dieser Transit verstärkt die Unsicherheit, das Misstrauen, das Dilemma und die Aufregung in der politischen Atmosphäre.

Im Vorfeld der Wahlen wird das Land mit ernsten und weitreichenden Fragen der Autorität und Demokratie konfrontiert werden. Das Ergebnis dieser Wahlen wird ein planetarisches Signal für den notwendigen Wandel und die notwendige Entwicklung sein. Es wird *die Stimme der Themen des Transitplaneten Pluto sein.*

Mit dem Übergang von Pluto in das Zeichen Wassermann werden sich auf globaler Ebene bedeutende Veränderungen vollziehen. Dieser Transit wird zu einer tiefgreifenden und umfassenden Analyse der Art und Weise führen, wie Autoritäten, Regierungen und soziale Methoden auf der ganzen Welt gehandhabt werden. Alle Machtstrukturen werden zerstört und etablierte Normen werden in Frage gestellt. All diese Veränderungen werden sich schrittweise vollziehen.

All diese astrologischen Ereignisse werden uns auf persönlicher Ebene beeinflussen. Alle globalen Veränderungen neigen dazu, uns zu motivieren, als Individuen zu wachsen. Wenn Sie die Themen und Energien, die dabei im Spiel sind, verstehen können, haben Sie die Möglichkeit, sich auf Veränderungen vorzubereiten, die Sie direkt betreffen könnten.

In dem Maße, in dem die Welt diesen gesellschaftlichen Wertewandel erlebt, werden sich auch unsere eigenen Werte verändern. Dazu gehört, dass wir unsere Überzeugungen, Prioritäten und Denkweisen neu bewerten. In dem Maße, in dem sich unsere Werte ändern, werden wir mit Menschen zu tun haben, die unsere Überzeugungen teilen, und das ist eine Gelegenheit, unsere derzeitigen Beziehungen zu analysieren.

Die finanziellen Veränderungen, die sich aus diesen Einflüssen ergeben, werden neue Möglichkeiten auf beruflicher Ebene schaffen, da neue Branchen entstehen werden. Sie müssen über neue wirtschaftliche Trends informiert bleiben, damit Sie in diesen sich entwickelnden Systemen erfolgreich sein können.

Plutos offizieller Eintritt in den Wassermann beginnt am 19. November 2024. Pluto deformiert, korrumpiert und transformiert die Themen des Planeten, der das Zeichen regiert, durch das er hindurchgeht. Diese Themen durchlaufen einen Prozess von Tod und Wiedergeburt und werden am Ende für immer verändert.

Das Zeichen Wassermann steht in Verbindung mit Wissenschaft, wissenschaftlichen Entdeckungen, Technologie, dem Kosmos, politischen und sozialen Revolutionen, gesellschaftlichen Veränderungen und liberalen Ideen.

Zu den möglichen Ereignissen von Pluto im Wassermann gehört ein breites Spektrum an technologischen und wissenschaftlichen Durchbrüchen. Viele spezifische Durchbrüche im Bereich der künstlichen Intelligenz und der Nanotechnologie werden sich abzeichnen. Wir werden eine industrielle Revolution erleben, vergessen wir nicht, dass das Zeichen Wassermann die Technik regiert. Wir werden sehr bemerkenswerte Ereignisse im Zusammenhang mit der Raumfahrt, der Existenz von Außerirdischen und der Einführung von Technologien erleben, die unsere Abhängigkeit vom Öl verringern werden.

Eine weitere Veränderung, die dieser Transit mit sich bringt, betrifft die Struktur der Macht, die Freiheit und die Möglichkeit, den Unterdrückten eine Stimme zu geben. Mit Pluto im Wassermann kommt ein Wirbelsturm politischer Entwicklungen auf uns zu, und es ist kein Geheimnis, dass autoritäre Regime weit verbreitet sind. Die politische Spaltung, die wir in den Vereinigten Staaten erlebt haben, wird sich weiter beschleunigen. Machtkämpfe und die Gründung neuer politischer Parteien werden weitergehen.

Es wird zu einer Trennung der charakteristischen Prototypen der Macht kommen, da die Beherrschten mehr Macht und Anspruch auf Gerechtigkeit erhalten.

Kurzum, ein völlig unbekannter Zyklus ist im Gange. Das Jahr 2024 ist ein Tor zu einer anderen Dimension. Die drei äußeren Planeten Jupiter, Saturn, Uranus und Neptun. Sie werden zusammenarbeiten, um uns zu helfen, eine völlig andere Realität zu schaffen. Uranus, Neptun und Pluto werden sich zusammentun, um unser Bewusstsein anzuheben und das Wassermannzeitalter zu zementieren.

Wir sind gesegnet, dass Technologie und Spiritualität uns bei diesen Veränderungen hin zu einer völlig anderen Welt unterstützen werden, in der Originalität und persönliche Entwicklung vorherrschen, wenn mehr Menschen erwachen und sich von der mentalen Unterdrückung lösen, der sie ausgesetzt waren.

Wir müssen vernünftig sein und uns daran erinnern, dass, damit dieser neue Zyklus voranschreiten kann, alle veralteten Strukturen weiter zusammenbrechen müssen, wie es seit 2021 geschieht. Saturn, der unbarmherzige Meister, überwacht diesen Prozess, während er durch die Fische läuft, und Jupiter reicht ihm seine gütige Hand.

Die Mondknoten auf der Widder- und Waage-Achse werden weiterhin giftigen, missbräuchlichen und abhängigen Beziehungen ein Ende setzen.

Vergessen Sie nicht, dass die Astrologie eine Rolle bei der Ausrichtung der Ereignisse spielt, zusammen mit den menschlichen Verhaltensweisen. Besonnenheit und Anpassung sind entscheidende Eigenschaften für die Chancen und Herausforderungen des Jahres 2024.

Die Verschmelzung von astrologischem Wissen mit gelebten Erfahrungen wird es uns ermöglichen, uns auf eine leuchtende Zukunft zuzubewegen.

*Denken Sie daran, dass sich die Welt verändert und
Sie sich mit ihr verändern können. Wenn Sie sich dem
Wandel nicht widersetzen, werden Sie das Jahr 2024
bei guter Gesundheit überstehen.*

Widder

Der Widder, das erste Zeichen des Tierkreises, ist kraftvoll und charismatisch. Wenn es um Liebe und Romantik geht, ernährt sich der Widder seines natürlichen Elements, dem Feuer.

Der Widder ist für sein unberechenbares Temperament und seine Zärtlichkeit bekannt und hat viele Facetten, wenn es um die Liebe geht.

Ein Teil dessen, was den Widder so erfolgreich macht, ist seine Anziehungskraft und seine natürliche Fähigkeit. Er zieht mit seinem angeborenen Enthusiasmus und Optimismus an und belebt alle seine Beziehungen durch seine ansteckende Lebensfreude.

Da der Widder ein so ehrgeiziges Zeichen ist, ist es kein Wunder, dass er nach der perfekten Beziehung strebt. Der Widder mag sagen, dass die ideale Partnerschaft eine streitfreie ist, aber in Wirklichkeit ist dieses Zeichen eher mit einer aufregenden Dosis Spannung zufrieden.

Er möchte gewinnen, und der Wettbewerb fordert ihn heraus, seine besten Eigenschaften zu zeigen.

Wenn Sie ihn bei der Stange halten wollen, sollten Sie seine Siege anerkennen.

Alle Feuerzeichen (Widder, Löwe und Schütze) brauchen ein Publikum, aber der Widder zeigt sein Bedürfnis nach Bestätigung am kühnsten, und Sie werden immer eine glückliche Beziehung mit dem durchsetzungsfähigen Widder haben, wenn Sie jedes Wort mit einem Ausrufezeichen und nicht mit einem Fragezeichen beenden.

Das Widder-Ego ist Teil ihrer kosmischen Konfiguration, gelegentlich können sie arrogant sein, aber ihr Ego ist nicht schlecht. In der Tat beginnt das ganze Tierkreiszeichen wegen des Selbstbewusstseins des Widders.

Der lebhafte Geist des Widders ist belebend und inspirierend, aber er kann auch schwierig sein, denn der Widder verlangt ständige Aufmerksamkeit, die, wenn man nicht gut damit umgeht, einen zermürben kann. Widder-Partner müssen unbedingt lernen, Nein zu sagen, auch wenn das bedeutet, dass sie gelegentlich einen Wutanfall in Kauf nehmen müssen.

Sie müssen bedenken, dass der Widder immer die Grenzen auslotet, seien Sie also nicht überrascht, wenn Ihr Widder-Partner gelegentlich etwas Unangemessenes sagt oder tut. Dies ist ihre Art zu messen, was sein kann, und kann nicht ansprechbar sein, so dass, wenn Ihr Widder Partner etwas falsch macht, sicher sein, sie sofort zu sagen.

Dieses Feuerzeichen respektiert persönliche Grenzen, und sobald er die Parameter Ihrer Beziehung verstanden hat, wird er Ihre Anforderungen mit Sicherheit respektieren.

Der Widder muss genährt und immer unterstützt werden, und obwohl er stark wirkt, ist er äußerst empfindlich. Wenn Sie also bereit sind, die Rolle des emotionalen Cheerleaders zu übernehmen, wird Ihr Widder-Partner Ihnen ewig dankbar sein.

Der Widder ist äußerst ehrgeizig und möchte Teil eines Paares sein, das sowohl privat als auch öffentlich glänzt. Wenn der Partner des Widders jedoch mehr anstrebt als er selbst, wird dieses feurige Zeichen ein wenig neidisch.

Sollte dies der Fall sein, machen Sie sich keine Sorgen, finden Sie einfach eine Gelegenheit, seine Leistungen zu feiern, und er wird mit Sicherheit eine Quelle der Dankbarkeit ausstrahlen.

In der Liebe ist es nicht ratsam, Spielchen zu spielen, aber bei Widder ist das anders, denn er genießt die Herausforderung. Man sollte jedoch nicht manipulieren, denn der Widder ist direkt, und es gibt nichts, was er mehr hasst, als gehänselt zu werden.

Sie können scherzen und verspielt sein, aber stellen Sie sicher, dass Sie es immer mit ehrlichen Absichten tun.

Der Widder liebt Komfort und schätzt Stil. Wenn Sie also nach neuen Möglichkeiten suchen, seine Aufmerksamkeit zu erregen, scheuen Sie sich nicht, aufzufallen, denn er fühlt sich von anspruchsvoller Mode, leuchtenden Farben und gewagten Mustern angezogen.

Unstimmigkeiten erobern sein feuriges Herz, und da er Freude liebt, wird er sich sofort zu Ihnen hingezogen fühlen, wenn er sieht, dass Sie Spaß haben.

Wenn es um langfristige Beziehungen geht, ist es wichtig, dass Sie neue und aufregende Wege finden, um die Flamme der Liebe am Brennen zu halten.

Sex ist für Widder wichtig; körperlicher Kontakt befriedigt einen Widder sicher.

Sie wollen immer das Gefühl haben, dass die Beziehung eine Wahl und keine Verpflichtung ist. Deshalb halten sie den Funken am Leben, indem sie ihre Beziehung mit Abenteuern, Dramen und natürlich ab und zu einem Streit aufpeppen.

Kämpfen ist gesund für den Widder, denn es hält sein Feuer am Brennen, und wenn Sie schon einmal über einen längeren Zeitraum in einer Beziehung mit einem Widder waren, wissen Sie, dass die Beziehung irgendwann an einen Scheideweg kommt.

Da der Widder daran gewöhnt ist, sich kopfüber in eine Beziehung zu stürzen, sind ihm Momente des Nachdenkens wichtig, denn er braucht die Freiheit, die Auswirkungen seiner langfristigen Bindung abzuwägen. Deshalb müssen Sie ihm Raum geben, um seine Optionen abzuwägen und zu einer Entscheidung zu kommen.

Nach ein wenig Nachdenken wird Ihr Widder-Partner sicherlich mit mehr Enthusiasmus in die Beziehung zurückkehren.

Allgemeines Horoskop für Widder

Das letzte Jahr war herausfordernd und aufregend. Es gab keinen einzigen eintönigen Moment. Das Leben schien hektisch und aufregend. Oberflächlich betrachtet sah es verrückt aus, aber dahinter verbarg sich ein tiefes geistiges Programm. Sie wurden und werden von allen Arten von Fesseln befreit.

Die Vorhersagen für Widder im Jahr 2024 deuten darauf hin, dass die erste Hälfte des Jahres voller Glück, Liebe und Wachstum sein wird. Aber in der zweiten Hälfte des Jahres kann es Probleme in Bezug auf Gesundheit, Geschäft, Liebesleben, Arbeit und vieles mehr geben.

In diesem Jahr 2024 könnten Sie einige Probleme mit Ihrer Gesundheit und Schwierigkeiten in Ihrer wirtschaftlichen Situation haben, aber Ihre Gesundheit wird die Hauptsorge sein.

Schwierigkeiten können sich auch in Ihrem Liebesleben zeigen, versuchen Sie, in Ihren Beziehungen Respekt zu wahren.

Der Planet Merkur wird in der ersten Januarwoche direkt, und diese kosmische Veränderung betont Ihr soziales Leben das ganze Jahr über. Sie erhalten in diesem Jahr, was Sie brauchen, um zu gedeihen, versuchen Sie, aufmerksam auf alle Möglichkeiten zu sein.

Widder, in diesem Jahr 2024 müssen Sie versuchen, in Ihrer Arbeit und Ihrem Engagement konsequent zu sein. Wenn du schon lange an einem Projekt arbeitest oder dich mit Begeisterung dafür eingesetzt hast, wird das Schicksal die Dinge zu deinen Gunsten wenden. Der Himmel wird eine Lawine von Positivität und Erfolg in Ihr Leben schütten.

Die planetarischen Einflüsse werden Sie der Liebe Ihres Lebens noch näherbringen, wenn Sie keinen Partner haben. Ihr Horoskop 2024 zeigt, dass Sie in diesem Jahr eine angenehme romantische Beziehung mit einem Partner führen werden. Es kann zu

Missverständnissen und kleineren Konflikten kommen, aber im Großen und Ganzen werden Sie eine absolut glückliche Erfahrung machen.

Ihre familiären Bindungen werden zufriedenstellend sein. Sie werden die Möglichkeit haben, sich in allen Lebenslagen auf Ihre Familie und Freunde zu verlassen. Es wird immer Meinungsverschiedenheiten und Meinungsverschiedenheiten mit den Menschen um Sie herumgeben, aber keine unangenehmen Überraschungen werden in Ihrem Horoskop 2024 entdeckt.

Erwarten Sie einige Veränderungen in Ihrem Beruf, aber Sie werden Arbeit und Geld haben, die wichtigsten Dinge in dieser Zeit der Rezession. Sie werden in allem, was Sie tun, enthusiastisch und ehrgeizig sein. Monotonie wird es in Ihrem Leben nicht geben, und es wird so aufregend und üppig sein, wie Sie es sich wünschen und vorstellen können. Der einzige Ratschlag ist, dass Sie hart arbeiten und das Beste aus all den privilegierten Gelegenheiten machen sollten, die sich Ihnen im Laufe des Jahres bieten werden.

Sie sollten niemals impulsiv handeln, da dies Ihre Erfolgschancen schmälern könnte.

Liebe

Sie müssen lernen zu teilen, ohne zu ersticken. Das wird der wunderbare Schlüssel sein, der die Türen des Herzens Ihres gefühlvollen Partners oder der Person, die Sie erobern wollen, öffnen wird.

Wenn Sie keine feste Bindung zu Ihrem Partner haben, wird jede Vollmondperiode Sie dazu motivieren, Ihre Beziehungsprioritäten neu zu bewerten, und Sie müssen vielleicht einige Veränderungen zum Besseren vornehmen. Sie werden sich stärker engagieren, wenn Sie die richtigen Entscheidungen treffen, oder Sie können sich von der Beziehung trennen, wenn Sie nicht glauben, dass sie eine Zukunft hat. Andererseits gibt es einige Beziehungen und Verbindungen, die nicht mehr gut für Sie sind, und Sie werden gezwungen sein, sie loszulassen oder ihnen zumindest nicht mehr so viel Zeit und Energie zu widmen.

Das Jahr endet für Sie auf einer zerbrechlichen Note, da Mars, Ihr herrschender Planet, am 6. Dezember 2024 in Ihrem Liebesbereich rückläufig ist.

Ende 2024 wird eine schwierige Zeit für die Liebe sein, und Sie werden Schwierigkeiten haben, Ihre Liebesbeziehungen zu führen, da alte Probleme wieder auftauchen und Sie möglicherweise ständig Streit mit Ihren Lieben haben.

Versuchen Sie, verständnisvoller und geduldiger zu sein und Ihren Frustrationen ein gesundes Ventil zu bieten.

Wirtschaft

Uranus bleibt das ganze Jahr über in Ihrem Finanzsektor und wird weiterhin Veränderungen in der Art und Weise herbeiführen, wie Sie Ihr Geld verwalten, Geld verdienen und Geld ausgeben.

Versuchen Sie, nach finanziellen Möglichkeiten Ausschau zu halten, und tun Sie alles, was Sie können, um diese herausfordernde Energie zu verkraften.

Vielleicht möchten Sie ein Hobby in etwas Gewinnbringendes umwandeln oder einen zweiten Job annehmen, um zusätzliches Geld zu verdienen. Das könnte Ihnen helfen, einige der Schwierigkeiten zu mildern und Schulden zu tilgen.

Sie werden finanzielle Gewinne aus Investitionen an der Börse erzielen. Sie werden in geschäftliche Unternehmungen investieren, z. B. in den Kauf eines Hauses oder eines Grundstücks zum Bau eines Hauses, und Sie werden einen Kredit abzahlen.

Die Wirtschaftsprognosen für das Jahr 2024 deuten darauf hin, dass Sie Gewinne aus Immobilien oder Grundstücken erzielen werden.

Andere werden Sie als selbstbewusster wahrnehmen und Ihnen vielleicht mehr Verantwortung übertragen. Sie könnten Ihnen die Kontrolle über ein Projekt übertragen.

Es ist ein ausgezeichnetes Jahr, um sich für eine bessere Stelle zu bewerben, auch wenn diese eine höhere berufliche Qualifikation erfordert.

Es gibt Zeiten im Jahr, in denen Veränderungen, Verluste oder Rückschläge absehbar sind, die Sie dazu veranlassen, neue Strategien für Ihre Zukunft zu erwägen. Diese ungünstigen Situationen entziehen sich Ihrer Kontrolle und sind eine Reaktion auf die allgemeinen wirtschaftlichen Bedingungen.

Das Jahr 2024 schließt mit einem Neumond am 30. Dezember in Ihrem beruflichen Bereich, und dieser Mond wird Ihnen helfen, für 2025 auf Kurs zu kommen.

Setzen Sie sich neue Ziele und suchen Sie eifrig nach Möglichkeiten, das nächste Jahr spektakulär zu gestalten.

Familie

Vielleicht verbringen Sie mehr Zeit zu Hause und versuchen, Ihr Familienleben in den Griff zu bekommen, und vielleicht ist dies ein Jahr, in dem Sie Ihr Haus renovieren oder umziehen wollen.

*Nutzen Sie die Neumondphasen, um Ihr Leben zu
Hause zu verbessern oder mehr Zeit zu Hause oder an
Orten zu verbringen, die sich wie ein Zuhause
anfühlen.*

*Vielleicht haben Sie die Möglichkeit, etwas mit Ihrer
Familie oder jemandem, den Sie als Familie
betrachten, zu unternehmen, und das kann spannend
sein.*

*Sie werden finanzielle Stabilität in der Familie haben.
In der Tat, wenn Sie sparen und planen, werden Ihre
Ressourcen zum Glück Ihrer Familie beitragen. Sie
werden die Gelegenheit haben, neue Freunde zu
finden, und nach März 2024 wird Ihre Familie durch
eine Geburt oder Heirat Zuwachs bekommen.*

*Sorgen über die Ernährung und Schlafstörungen
aufgrund der Arbeitsbelastung, all das kann Ihnen
große Sorgen bereiten.*

Widder Gesundheit

*Es wäre ein Fehler, an eurer mächtigen Energie zu
zweifeln, aber das ist ein Problem, weil ihr denkt, dass
ihr keine Grenzen habt, und diese Denkweise führt
euch immer dazu, sie zu missbrauchen. Ihr
missbraucht eure körperlichen Möglichkeiten, als wärt
ihr Herkules und nicht ein einfacher Sterblicher.*

Tatsache ist, dass sowohl Ihr Körper als auch Ihr Geist Ruhe und Pflege brauchen, um optimal zu funktionieren.

Sie werden einige wichtige gesundheitliche Probleme in Ihrem Leben haben, nicht nur körperlich, sondern auch geistig. In diesem Jahr 2024 solltest du auf deine Gesundheit achten, denn viele Hindernisse werden deinen Weg kreuzen.

Es handelt sich vielleicht nicht um eine körperliche Verletzung oder Störung, aber Ihre psychische Gesundheit ist auf dem Höhepunkt, und es wird Ihnen schwerfallen, die Dinge in Ihrem Leben geistig zu bewältigen.

Sie werden vor großen Herausforderungen stehen und so frustriert sein, dass es Ihnen schwerfallen wird, diese zu bewältigen.

Sie müssen Ruhe in Ihr Leben bringen, Ihre Wutprobleme beiseiteschieben und alles tun, was Sie können, um Stress abzubauen.

Sie müssen giftige Menschen meiden, die Ihnen Stress verursachen, und ein gesundes Leben führen. Wenn Sie rauchen und trinken, müssen Sie damit aufhören.

Machen Sie Yoga und Übungen, um Ihren Geist zu beruhigen. Sie müssen diese Dinge das ganze Jahr über konsequent tun, um Stress abzubauen und chronische Gesundheitsprobleme zu vermeiden.

Stier

*Es ist leicht, sich in den Stier zu verlieben.
Dieses Zeichen ist das pure Gedicht und die pure
Leidenschaft. Der Stier, der von Venus, dem Planeten
der Liebe, beherrscht wird, genießt das gute Leben
und gibt sich nie mit weniger zufrieden als dem, was
er verdient - eine Besonderheit, die ihm den Titel des
stursten Tierkreiszeichens eingebracht hat.*

*Der von der Venus beherrschte Stier liebt die
Romantik, weiß, wie man romantisch ist, und liebt es,
umworben zu werden, und weiß daher natürlich, wie
man verführt. Der Stier ist enthusiastisch, nimmt seine
Verantwortung ernst und will einen Partner fürs
Leben, weil er sehr traditionell ist.*

*Nichts erregt den Stier mehr als das Gefühl der
Sicherheit. Der Stier ist beliebt, weil er ein stabiler,
bodenständiger und ehrlicher Verlobter ist. Besonders
wichtig ist, dass der Stier vor der Treue gefüttert und
bewässert werden muss, als gäbe es kein Morgen. Da
er so eng mit der Venus verwandt ist, dreht sich seine
Form der Verführung um die Erotik. Wenn Sie also
bereit sind, ihn zum Verlieben zu bringen, machen Sie
sich bereit für eine Rundumreise durch Echos und
Aromen.*

*Da der Stier so sehr mit der materiellen Welt
verbunden ist, drückt er seine Bewunderung gerne*

durch Geschenke aus und würde es nie wagen, Ihnen billige Sachen zu schenken. Der Stier wird seine Bewunderung mit einem Geschenk zeigen, das Ihren Geist einfängt. Das ist nicht uneigennützig; er erwartet eine Gegenleistung.

Der Stier muss wissen, dass Sie sich um ihn kümmern und dass die Beziehung auf Gegenseitigkeit beruht. Jedes Mal, wenn der Stier seine Sympathie oder Abneigung zum Ausdruck bringt, erwartet er oder sie, dass Sie sich das Merken. Achten Sie genau auf die Kommentare Ihres Stier-Partners, Sie sollten sich sogar Notizen machen.

Wenn er andeutet, dass er Kürbiskuchen liebt, bedeutet das, dass er darauf warten wird, dass Sie ihm einen kaufen. Obwohl der Stier von Sinnlichkeit durchdrungen ist, ist es besonders wichtig, dass Sie es nicht übertreiben. Tatsächlich wird dieses erdverbundene Exemplar sehr misstrauisch gegenüber jemandem sein, der grob vorgeht, also nehmen Sie sich Zeit, um ihr Vertrauen zu gewinnen.

Wenn es um die Liebe geht, hat es der Stier nicht eilig, deshalb sollte er die Gelegenheit nutzen, um in aller Ruhe voranzukommen und die Beziehung sich natürlich entwickeln zu lassen.

Er braucht eine Weile, um sich zu öffnen, weil er den ganzen Prozess genießt, und für dieses Venus-Paar ist das Verlieben eine unglaublich magische, lohnende Erfahrung. Der Stier schätzt Sicherheit und neigt dazu, sich zu Partnern hingezogen zu fühlen, die seine Ansichten über Finanzen, Karriere und Familie teilen.

Da dieser Punkt für sie so wichtig ist, ist es leicht, ihre Absichten von Anfang an zu erkennen. Wenn der Stier Sie also schon beim dritten Date nach Ihrem Einkommen, Ihren Berufswünschen oder Ihrem Traumhaus fragt, können Sie davon ausgehen, dass er an einer ernsthaften Zusammenarbeit interessiert ist.

Sex ist für Stier-Liebhaber eine besonders wichtige Sache. Daher ist der Akt selbst nicht so wichtig wie seine Vorbereitung.

Das Vorspiel ist das, was ihn am meisten anmacht, und wie alles bei diesem Venuskind sollte, es ein komplettes sensorisches Erlebnis sein. Vergessen Sie dies nicht: Der Stier liebt die Tradition, und diese altehrwürdigen Gesten der Anbetung werden gut ankommen und die Stimmung für einige enthusiastische Nächte schaffen.

Die erogene Zone des Stiers ist der Nacken. Küsse in diesem Bereich machen ihn also verrückt. Obwohl der Stier gerne mit seinem Partner zusammen ist, braucht er auch viel Zeit für sich allein, um sich selbst zu verwöhnen. Er nimmt seine Selbstpflegerituale sehr ernst und kann, vor allem wenn sein Freiraum bedroht ist, ziemlich besitzergreifend werden, was seine Umgebung angeht.

Berühren Sie niemals die heiligen Gegenstände des Stiers. Für ihn ist es eine Kriegserklärung, etwas ohne Erlaubnis zu nehmen.

Da dieses Zeichen jeden Besitz wertschätzt und sich um alles kümmert, was es besitzt, und dies schnell in leichte Hortungstendenzen ausarten kann, werfen Sie auf keinen Fall etwas weg, das dem Stier gehört. Es ist es nicht wert, seinen Zorn zu riskieren. Und bei ihrem luxuriösen Geschmack gibt es fast nichts, was sich wegzuwerfen lohnt.

Für den Stier ist Qualität wichtiger als Quantität. Mit anderen Worten: Ihrem Stier-Partner ist es egal, wie viele Geldbörsen Sie haben, wenn es Luxus ist. Wenn es um eine langfristige Beziehung mit einem Stier geht, ist Geld wichtig. Das bedeutet nicht, dass er sich ausschließlich zu Milliardären hingezogen fühlt.

Eigentlich ist das Objekt nicht so wichtig. Es kommt vielmehr darauf an, wie Ihr Partner sein Einkommen verdient und spart.

Achten Sie darauf, dass Sie den wohlverdienten Erfolg Ihres Taurus-Partners immer anerkennen.

Dieses Zeichen scheint etwas kompliziert zu sein, aber wenn Sie sich erst einmal an diesen Lebensstil *gewöhnt haben, werden auch Sie feststellen, dass all dies gerechtfertigt ist.*

Der Stier liebt das Essen. Der Weg zum Herzen des Stiers führt durch den Magen, und so werden die sinnlichsten Beziehungen immer ein Gourmetessen beinhalten.

Allgemeines Horoskop für Taurus

Uranus bleibt das ganze Jahr über in Ihrem Zeichen und wird ab 2024 mit Jupiter zusammenkommen. Die Kombination von Uranus und Jupiter ist fabelhaft, um Projekte zu entwickeln und Gelegenheiten zu nutzen, von denen Sie in vielerlei Hinsicht profitieren werden.

Das Jahr beginnt mit einer Menge positiver Energien in deinem Zeichen, und das wird dich verjüngen. Allerdings kann dieser Enthusiasmus Sie auch ungeduldig machen.

Sie werden sich bemühen, erfolgreich zu sein, aber es kann Monate geben, in denen Sie sich unruhig und gestresst fühlen.

Ablenkungen von außen können Ihren Arbeitsfortschritt unterbrechen. Manchmal werden Sie sich unmotiviert fühlen und das Interesse an Ihrer

Arbeit verlieren. Vielleicht sind Sie auch unsicher, welchen Weg Sie einschlagen sollen.

Sie könnten in diesem Jahr 2024 mit vielen Situationen konfrontiert werden, in denen Ihre Emotionen und Ihr sensibles Wesen Ihre Fähigkeit, Informationen zu verarbeiten, beeinträchtigen, was Ihre mentalen Denkprozesse trübt und Ihre Argumentation beeinträchtigt.

Sie müssen unglaublich vorsichtig mit den Menschen sein, mit denen Sie in Ihrem täglichen Leben zu tun haben. Versuchen Sie, freundlich zu ihnen zu sein, aber lassen Sie keine giftigen Menschen um sich herum.

Wenn Sie in diesem Jahr ein neues Unternehmen gründen wollen, sollten Sie dies am besten vor April tun. In der ersten Jahreshälfte werden Sie auch die Vorteile der Auslandsbeziehungen voll ausschöpfen.

Nach dem 1. Mai tritt Jupiter in Ihr Tierkreiszeichen ein und stärkt Ihre Entscheidungsfähigkeit, so dass Sie die gewünschten Ergebnisse im Geschäft erzielen und sich über geschäftliche Fortschritte freuen können. In diesem Jahr können Sie auch Ihren Partner in Ihr Geschäft einbeziehen.

In diesem Jahr werden Sie vielleicht einige chaotische Momente erleben. Akzeptieren Sie Ihre Niederlage nicht und geben Sie Ihr Vertrauen und Ihren Mut nicht auf. In manchen Momenten fühlen Sie sich vielleicht verloren und sogar ausgeschlossen. Gehen Sie einen Schritt zurück, analysieren Sie, was falsch ist, und machen Sie dann weiter.

Liebe

Wenn Sie einen Partner haben, werden Sie sich in Ihrer Beziehung glücklich fühlen. Es kann jedoch sein, dass es einige Zweifel oder Vorfälle aus der Vergangenheit gibt, die Ihr Glück unterbrechen.

Wenn Sie auf der Suche nach einem Partner sind, sollten Sie sich an Ihre früheren Erfahrungen erinnern, aus denen Sie wichtige Lehren gezogen haben. Diese werden Ihnen helfen, den richtigen Weg zu finden.

Ihr müsst Geduld und Toleranz in euren Beziehungen kultivieren, denn nur so werdet ihr wahre Liebe erfahren. Differenzen können in den Hintergrund treten, wenn ihr in der Liebe geduldig seid.

Gelegentlich kann es während einiger Monate im Jahr zu Momenten der Unsicherheit in Ihrer Beziehung kommen, aber diese Situationen werden sich von selbst verbessern.

Wenn Sie auf der Suche nach der Liebe sind, wird der Monat Mai Ihnen gute Nachrichten bringen. Der Einfluss von Jupiter kann Heiratsanträge erleichtern.

Sie können sich treffen und die Beziehung in eine langfristige Verpflichtung wie die Ehe umwandeln.

Sie sollten mit Ihrem Partner geduldig sein, wenn er Entscheidungen trifft, die sein Privatleben betreffen, und die Einmischung Dritter vermeiden.

Dieses Jahr ist auch von Phasen geprägt, in denen es an sexueller Intimität mangelt und aggressive Reaktionen auftreten, was eine Herausforderung für die Beziehung bedeutet.

Das kann bedeuten, dass Sie auf einer unbewussten Ebene an alten Problemen und Blockaden arbeiten und versuchen, Ihre emotionalen Bindungen zu stärken, um sich in Ihren Beziehungen wohler zu fühlen.

Während der Vollmondphasen können Liebesbeziehungen, die solide sind, gestärkt werden, und Liebesbeziehungen, die nicht sicher sind, können scheitern.

In Zeiten des Merkur-Rückläufers ist es möglich, dass sich bestehende Liebesprobleme verschlimmern.

Wirtschaft

In diesem Jahr werden Sie sich auf Ihre berufliche Stabilität und Ihr Wachstum konzentrieren. Saturn im

Wassermann wird Sie zu einem disziplinierten und strategischen Vorgehen in Ihrem Beruf drängen.

Das Jahr 2024 ist günstig für Sie, um sich langfristige Ziele zu setzen, Ihre Fähigkeiten zu verbessern und eine solide Struktur für Ihre Zukunft aufzubauen, denn Jupiter wird bis Ende Mai 2024 durch Ihr Zeichen wandern.

Der Transit von Jupiter durch dein Zeichen wird dir viele Möglichkeiten in deinem beruflichen Bereich eröffnen. Dieser Transit wird Sie dazu motivieren, Ihre Komfortzone zu verlassen und neue Horizonte zu erkunden.

Pluto wird für den größten Teil des Jahres 2024 durch Ihren Karrierebereich wandern, und das wird Sie dazu veranlassen, danach zu streben, die Kontrolle zu übernehmen und sich selbst zu stärken. Sie könnten beruflich als eine Kraft angesehen werden, und das bedeutet, dass Sie nur durch Ihre Willenskraft erfolgreich sein können. Sie könnten auch mehr Verantwortung übernehmen, aber hoffentlich werden Sie in der Lage sein, sie zu erfüllen.

Sie werden ein ausgezeichnetes Jahr in Ihrem Berufsleben erleben. Es wird Segen auf Sie zukommen, und das Universum wird seine Arme für Sie öffnen. Du wirst neues Wissen erwerben und verschiedene Möglichkeiten des Geldverdienens erkunden.

Ihre Wirtschaft wird sich verbessern, aber es besteht auch die Möglichkeit, dass Ihre Ausgaben steigen werden. Wenn Sie nicht lernen, unnötige Ausgaben zu kontrollieren, kann Ihre Wirtschaft darunter leiden.

Ihre Einkommensquellen werden in diesem Jahr zunehmen, und Ihre allgemeine finanzielle Gesundheit wird von Anfang des Jahres bis Mai stark sein.

Ihre Investitionen werden sich in hohem Maße auszahlen, und Ihre Bemühungen bei der Arbeit werden sich in einer Stärkung Ihrer finanziellen Position niederschlagen. Sie werden digitale Medien einsetzen, um Ihr Geschäft weiterzuführen.

Sie werden die Möglichkeit haben, einige Projekte in Partnerschaft mit anderen Menschen durchzuführen, aber Sie müssen bei dieser Entscheidung sehr vorsichtig sein. Treffen Sie keine übereilten Entscheidungen, denn Sie könnten getäuscht werden, die Partnerschaft könnte zerbrechen und das Geschäft könnte scheitern.

Stier Gesundheit

Sie müssen darauf achten, was Sie essen. Es ist wichtig, dass Sie sich an einen Ernährungsplan halten, der von einem Fachmann empfohlen wird. Sie sollten keine Medikamente ohne ärztlichen Rat einnehmen.

Sie sollten regelmäßig Sport treiben, nicht rauchen und keinen übermäßigen Alkohol trinken.

Sie müssen vorsichtig mit Ihren Zähnen umgehen. Die Beschwerden, die Sie haben, sind nicht natürlich, und es ist besser, sich um sie zu kümmern, indem Sie den Zahnarzt aufsuchen, um Ihr Lächeln strahlend zu halten.

Ihre geistige Gesundheit braucht Aufmerksamkeit. Sie mögen körperlich stark sein, aber auch Ihre emotionale und geistige Gesundheit ist wichtig.

Stier-Frauen können hormonelle Probleme haben.

Viruserkrankungen können wieder auftreten und Ihnen das Leben schwer machen, suchen Sie gegebenenfalls sofort einen Arzt auf.

Eine gute Entspannung wird erreicht, wenn Sie Yoga und Meditation praktizieren.

Familie

Ihr Familienleben wird in diesem Jahr ausgezeichnet sein. Alle anstehenden Konflikte werden gelöst werden, und die Atmosphäre des Friedens und des Glücks wird in Ihr Haus zurückkehren.

Die Liebe zwischen den Mitgliedern eurer Familie wird bleiben, es wird Solidarität herrschen.

Sie werden wahrscheinlich nach dem ersten Quartal des Jahres umziehen. Du solltest dich um die Gesundheit deiner Eltern kümmern und sie respektieren, wenn sie noch leben. Mit ihrem Segen wirst du im Leben vorankommen.

Singles können sich verloben, und Ehepaare werden in diesem Jahr ihre Bindung stärken. In den letzten drei Monaten des Jahres werden deine Feinde aufgrund deiner Zuversicht versuchen, dir zu schaden und das Glück deiner Familie zu verhindern, deshalb musst du in dieser Zeit aufmerksam sein.

Zwillinge

Die Zwillinge sind ein Luftzeichen, das ohne Probleme unter Freunden, auf Partys und beim Ausgehen zurechtkommen kann. Zwillinge werden von Merkur, dem Planeten der Kommunikation, regiert, so dass Sie immer interessante Gesprächsthemen finden können.

Der Zwilling ist ein ausgezeichneter Anekdotenerzähler, und seine dynamische Energie und Anziehungskraft ziehen romantische Partner an. Eifersüchtige Menschen sollten wissen, dass Zwillinge nie allein sind, da sie immer Fans und Anhänger haben.

Da der Zwilling seine Gefühle nach außen hin ausdrückt, liebt er es, sich zu unterhalten. Dieser Selbstausdruck ist für den Merkur-Zwilling von größter Bedeutung, daher muss er alle Kommunikationswege offenhalten und bereit sein, Informationen für seinen Zwilling zu empfangen.

Es ist ihm egal, wie er seine Ideen vermittelt, die Handlung, mit der er seine Gedanken teilt, ist wichtiger als das, was er sagt. Es gibt nichts, was der Zwilling mehr verachtet als Muße; er ist immer beschäftigt. Er ist immer auf dem Sprung mit seinen vielen Unterhaltungen, Neigungen und sozialen Verpflichtungen.

Dieses Luftzeichen mag sich darüber beschweren, dass es überarbeitet ist, aber wenn man seinen Tagesplan analysiert, sind alle Besorgungen freiwillig, was zeigt, dass der Zeitplan der Zwillinge nichts anderes als das Ergebnis ihrer einzigartigen Dualität ist.

Zwillinge lieben es, ihre Gedanken und Ideen mitzuteilen, aber sie sind keine guten Zuhörer und lassen sich leicht ablenken, deshalb ist es wichtig, dass Sie dafür sorgen, dass Ihr Zwillinge-Partner Ihnen Aufmerksamkeit schenkt.

Wenn Sie zufällig sehen, dass er aus dem Gespräch geht, zögern Sie nicht, ihm zu sagen, und ihn daran erinnern, dass die Kommunikation zwischen zwei ist. Es ist nicht leicht, das Interesse der Zwillinge zu halten, in der Tat, er weiß nicht, wie man konzentriert zu bleiben.

Dieses Zeichen hat praktisch schon alles gesehen, und der beste Weg, den Blick auf sich zu richten, ist, ihn auf Trab zu halten. Nehmen Sie die notwendigen Veränderungen vor und vergessen Sie nicht, niemals Kompromisse bei Ihren Werten und Bedürfnissen einzugehen.

Wenn Sie die Zwillinge kennenlernen, haben Sie Spaß daran, Ihre eigene Vielseitigkeit zu entdecken. Die Verführungstechnik, die bei den Zwillingen funktioniert, ist das Reden. Da sie das facettenreichste Sternzeichen sind, werden sie dir gerne von ihren Hobbys und Interessen erzählen.

Weil es so neugierig ist, ist ein Gespräch mit diesem Zeichen wie ein Blick in einen Spiegel, denn es hat die wunderbare Fähigkeit, alles zu reflektieren, was man ihm sagt. Das mag seltsam erscheinen, aber es ist wirklich die Natur dieses Zeichens.

Eine Beziehung mit einem Zwilling ist eine anregende Erfahrung, aber Sie müssen vorsichtig sein, denn Zwillinge verlangen nach ständiger Stimulation, was es manchmal schwierig macht, sie auf einer tiefen emotionalen Ebene kennen zu lernen.

Achten Sie darauf, dass Sie sich mit Ihrem Zwillingspartner ungestört unterhalten können, und scheuen Sie sich nicht, ihn oder sie daran zu erinnern, dass angenehme Empfänge keine verschwendete Zeit sind.

Zwillinge lieben Sex, für sie ist es eine andere Form der Kommunikation. Zwillinge besitzt einen starken sexuellen Appetit, und um ihn zu erregen, ein paar aufschlussreiche Kommentare sind genug.

Wenn es um Dirty Talk geht, schrieb Zwillinge eine Enzyklopädie, so können Sie ihn anmachen, indem Sie genau erklären, was Sie gerne im Bett zu tun. Auf diese Weise wird er fühlen und zu analysieren, zur gleichen Zeit, eine Kombination, die er orgásmico ist.

Eine der Besonderheiten der Zwillinge ist die Schnelligkeit, mit der sie sich von den verheerendsten Fehlern erholen können. Im Gegensatz zu anderen Zeichen wird er nicht von seinem Ego beherrscht. Er mag es, Spaß zu haben, also lässt er sein Ego nicht in die Quere kommen, und wenn er einen Fehler macht, wird er nie defensiv. Wenn Zwillinge sich entschuldigen müssen, werden sie dies sofort tun.

Obwohl diese Eigenschaft sehr respektiert wird, ist sie nicht völlig großzügig. Zwillinge erwarten, dass du ihre Entschuldigung mit der gleichen Eile akzeptierst. Zwillinge sind am glücklichsten, wenn sie beschäftigt sind; sobald ihr Zeitplan zu entspannt wird, finden sie einen Weg, um die Dinge zu ändern.

Es ist nicht so, dass er Angst davor hat, er langweilt sich nur nicht gerne.

All dies kann für Zwillingspaare eine Herausforderung sein. Stabile Beziehungen erfordern viel Pflege, und Zwillinge können das nicht so einfach bieten. Wenn Sie also in einer Partnerschaft sind, müssen Sie sicherstellen, dass Sie Ihren Beziehungen Priorität einräumen.

Da dieses Luftzeichen bereit ist, alles mindestens einmal, manchmal aber auch zweimal auszuprobieren, genießen sie es, verschiedene Aspekte ihrer Persönlichkeit durch ihre romantischen Beziehungen zu erforschen.

Auch wenn er es nicht projiziert, sucht der Zwilling nach einem gelassenen Partner, um seinen intimen oder familiären Raum auszugleichen, denn für Veränderungen hat er schon genug Eigene. Dieses Luftzeichen ist ständig auf der Suche nach jemandem, mit dem es eine gute Beziehung pflegen kann, und aus diesem Grund ist es immer wandernd.

Allgemeines Horoskop für Zwillinge

Dies wird ein hervorragendes Jahr für die Zwillinge. Jupiter, der Planet des Glücks und der Chancen, zieht am 25. Mai in Ihr Zeichen ein, und das geschieht nur alle 12 Jahre.

Während dieses Jupiter-Transits werden sich in deinem Leben viele Möglichkeiten auftun, und du wirst dich optimistischer fühlen. Dies ist ein neuer Anfang, ein neuer Weg, eine neue Reise.

Das Jahr 2024 wird Ihnen wunderbares Glück bringen, Sie werden inspiriert sein, etwas Neues zu tun oder etwas zu vollenden, was Sie schon seit vielen Jahren tun wollten.

Das Glück und Ihre Bemühungen werden Ihren Namen in Ihrem Berufsfeld etablieren, und Sie werden sich eine neue Identität im Geschäftsleben schaffen. Außerdem werden Sie in der Lage sein, ein altes Geschäft oder Projekt abzuschließen, das im letzten Jahr ins Stocken geraten ist.

Sie werden viel Geld verdienen, aber um es zu bekommen, müssen Sie übereilte Entscheidungen und den Wunsch vermeiden, über Nacht ein Imperium aufzubauen.

Wenn Sie berufstätig sind, werden Sie härter arbeiten als im letzten Jahr, aber das wird Ihnen neue Möglichkeiten und sogar Angebote in neuen Unternehmen bringen. Generell wird Jupiter dafür sorgen, dass Sie die besten Chancen erhalten.

Nach dem Monat Juli sollten Sie sich konzentrieren, denn der rückläufige Saturn kann einige herausfordernde und angespannte Situationen für Sie schaffen. Während dieser Zeit müssen Sie mit Vorsicht vorgehen und sorgfältig planen, um Fehler zu vermeiden.

Im Jahr 2024 werden Sie die meiste Zeit über glücklich und zufrieden mit Ihrem Partner sein. Nach der zweiten Jahreshälfte wird es einige Konflikte und Missverständnisse in Ihrer Beziehung geben, und es wird auch eine Zeit sein, in der sich die Heiratsaussichten nicht verwirklichen lassen.

Geben Sie Ihrem Partner den Vorrang, Sie müssen sich anstrengen.

Wenn Sie alleinstehend sind, werden Sie jemanden kennenlernen, die Möglichkeiten sind nach dem Mai größer. Vielleicht lernen Sie Ihren zukünftigen Partner auf einer Reise kennen. Sie werden mit der Zeit ein Band knüpfen, das sich zu einer tiefen Freundschaft entwickelt und schließlich zu einer gefühlvollen Beziehung wird.

Zwei Finsternisse werden in Ihrem Liebesbereich stattfinden, eine Mondfinsternis am 25. März und eine Sonnenfinsternis am 2. Oktober. Durch die Mondfinsternis werden Sie sich geliebten Menschen, zu denen Sie eine gesunde Verbindung haben, näher fühlen, und Sie werden sich von allen entfernen, die giftig sind. Dies kann die perfekte Zeit sein, um anstehende Liebesangelegenheiten zu bearbeiten.

Die Sonnenfinsternis kann eine neue Liebe in Ihr Leben bringen. Wenn Sie Single sind, werden Sie motiviert sein, auszugehen und Aufmerksamkeit zu erregen, während Sie, wenn Sie in einer Beziehung sind, Funken der Leidenschaft hinzufügen werden.

Ihre finanzielle Gesundheit wird sich 2024 verbessern und Sie werden von neuen Einkommensquellen profitieren. Vielleicht erhalten Sie zusätzliches Einkommen aus Provisionen, der Börse, Bankzinsen oder wer weiß, ob Sie im Lotto gewinnen.

Wenn Sie davon geträumt haben, ein Haus oder ein neues Fahrzeug zu kaufen, wird dies in diesem Jahr in Erfüllung gehen, und wenn Sie einen Kredit benötigen, werden Sie ihn leicht bekommen. Wenn Sie beruflich hart arbeiten, wird Ihr Bankkonto wachsen.

Vielleicht ziehen Sie um oder renovieren Ihr Haus, und diese Veränderung kann zu Rückschlägen in der Familie führen. Sie müssen Geduld haben, um diese Probleme zu überwinden, damit das Glück in Ihr Familienleben zurückkehren kann.

Sie werden das ganze Jahr über bei guter Gesundheit bleiben, aber in der Mitte des Jahres kann es zu kleineren Problemen kommen, da Sie sich aufgrund von Stress deprimiert und müde fühlen. Dies kann sich in Verdauungsproblemen aufgrund von Appetitlosigkeit und Unruhe aufgrund von Rückschlägen äußern.

Liebe

Dieses Jahr kann emotionale Schwierigkeiten mit sich bringen. Denken Sie daran, dass es normal ist, eine

Vielzahl von Gefühlen zu erleben und von Zeit zu Zeit Stimmungsschwankungen zu haben. Um mit Ihren Emotionen fertig zu werden, ist es wichtig, dass Sie gesunde Wege zur Bewältigung finden, z. B., indem Sie mit einem vertrauten Freund oder Familienmitglied sprechen, Entspannungstechniken wie Meditation praktizieren oder bei Bedarf die Unterstützung eines Psychotherapeuten suchen. Sie sollten auf sich selbst aufpassen und bei Bedarf Unterstützung suchen.

Dieses Jahr ist für die Zwillinge, die eine Beziehung eingehen wollen, hervorragend. Wenn Sie darüber nachgedacht haben, sich zu verloben, ist dies das perfekte Jahr, um dies zu tun. Sie werden in diesem Jahr in Ihrem Liebesleben Fortschritte machen.

Obwohl Sie in diesem Jahr sehr romantisch und träumerisch sind und dazu neigen, die Person, die Sie lieben, zu idealisieren, müssen Sie vorsichtig sein, denn Ihre Fantasien stimmen vielleicht nicht ganz mit der Realität überein, und das wird in Zukunft zu Enttäuschungen führen.

Versuchen Sie, kohärent und realistisch zu sein und den anderen so zu akzeptieren, wie er oder sie ist. Die Liebe wird in diesem Jahr eher platonisch sein.

Auf jeden Fall wird dieses Jahr sehr günstig für das Zusammenleben und für alle Arten von Vereinigungen sein.

Wirtschaft

Dieses Jahr wird für Sie im wirtschaftlichen Bereich großartig sein. Sie werden Ihr Ziel erreichen, den Arbeitsplatz zu wechseln, und dieser Neuanfang wird Ihnen viele Möglichkeiten bieten.

Ihr Mut wird von anderen bewundert werden, aber es ist wichtig, dass Sie Ihre Kämpfe weise wählen, da das Eintreten für das, woran Sie glauben, manchmal negative Folgen haben kann.

Die Planeten werden Ihnen in Geldangelegenheiten grünes Licht geben. Merkur, dein herrschender Planet, wird dich voll unterstützen und dafür sorgen, dass deine Bankkonten voller Geld sind.

Im Mai tritt Jupiter in Ihr Zeichen ein, was sich positiv auf Ihre Finanzen, Ihre Karriere und Ihre Beziehungen auswirken wird.

Ihre finanziellen Mittel werden wachsen, und es wird ein gutes Jahr für langfristige Investitionen.

Natürlich geht das alles nicht ohne Anstrengung, Sie müssen arbeiten, diszipliniert sein und sich im Laufe des Jahres weiter anstrengen.

Jupiter begünstigt das Knüpfen neuer Verbindungen mit wichtigen Menschen und die Stärkung Ihrer sozialen Bindungen.

Familie

*Sie werden sich emotional mehr auf diejenigen
einlassen, die Sie als Familie betrachten. Sie möchten,
dass Ihr Zuhause ein Zufluchtsort ist, ein sicherer Ort,
und Sie werden sich bemühen, Probleme auf gesunde
Weise zu beseitigen.*

*Während der rückläufigen Merkurphasen in Ihrem
Haus können einige Haushaltsgeräte kaputt gehen
oder Sie haben Probleme mit dem Wasser. Das kann
nicht nur ärgerlich sein, sondern wird auch zu
Streitigkeiten in der Familie führen, und Sie werden
die Schuld dafür tragen. Seien Sie geduldig, denn
diese Geräte müssen regelmäßig gewartet werden.*

*Viele Ihrer engen Familienmitglieder werden Sie in
diesem Jahr häufig um Rat fragen, und Sie werden
sich dadurch unentbehrlich fühlen.*

*In Ihrer Familie werden sich einige gefühlsmäßige
Veränderungen vollziehen. Ihre Kinder oder
Geschwister werden Ihnen ihre neuen Partner
vorstellen, und das wird Ihrer Familie eine neue
Dynamik verleihen. Das werden positive
Veränderungen sein.*

*Sie werden wieder Kontakt zu Menschen aufnehmen,
von denen Sie sich distanziert hatten, Sie werden
ihnen eine zweite Chance geben und Sie werden
erkennen, dass nicht alles so ist, wie es scheint.*

Zwillinge Gesundheit

Sie müssen sich bewusst darum bemühen, Ihrer körperlichen Gesundheit Vorrang einzuräumen, und daran denken, dass eine gute Gesundheit eine Schlüsselkomponente für den Erfolg in allen Bereichen Ihres Lebens ist. Sie sollten planen, zusätzliches Gewicht zu verlieren und regelmäßig Sport zu treiben, vor allem im Freien.

Die Art und Weise, wie Sie sich ernähren, ist wichtig. Achten Sie also auf Ihre Ernährung, indem Sie mehr Eiweiß und weniger Kohlenhydrate zu sich nehmen, um Gewichtszunahme und Verdauungsprobleme zu vermeiden.

Einige Zwillinge werden sich müde fühlen, da ihr Immunsystem schwach ist. Sie werden Phasen mit niedrigem Energielevel haben, aber das wird sich bessern, und sie werden ihre Vitalität zurückgewinnen. Wenn Sie chronische Gesundheitsprobleme wie Diabetes oder Blutdruck haben, sollten Sie das ganze Jahr über vorsichtig sein. Vergessen Sie nicht, dass Wellness zu Hause beginnt. Wir ermutigen Sie dazu, ungesunde Lebensmittel aus Ihrer Küche zu streichen und sich mit Bio-Lebensmitteln einzudecken. Dies ist ein guter Zeitpunkt, um mit der Zubereitung Ihrer Mahlzeiten zu Hause zu beginnen, anstatt verarbeitete Lebensmittel zu kaufen. Wenn Sie anfangen, sich auf diese Weise zu ernähren, werden Sie sich immer wohler fühlen.

Krebs

Der Krebs ist ein Wasserzeichen, das durch eine Krabbe symbolisiert wird, die zwischen dem Meer und dem Ufer wandelt, eine Fähigkeit, die sich auch in seiner Fähigkeit widerspiegelt, emotionale und physische Zustände zu verschmelzen.

Die Intuition des Krebses, die von seiner emotionalen Seite kommt, manifestiert sich in einer greifbaren Weise, und da Sicherheit und Ehrlichkeit für dieses Zeichen an erster Stelle stehen, kann es anfangs etwas kalt und distanziert sein.

Der Krebs offenbart nach und nach seinen sanften Geist, sein echtes Mitgefühl und seine hellseherischen Fähigkeiten. Wenn Sie Glück haben und ihr Vertrauen gewinnen, werden Sie feststellen, dass sie trotz ihrer anfänglichen Schüchternheit gerne teilen.

Für diesen Liebhaber ist ein Partner das größte Geschenk, und er belohnt Beziehungen mit seiner unverwüstlichen Loyalität, Verantwortung und emotionalen Unterstützung. Er neigt dazu, sehr häuslich zu sein, und sein Zuhause ist ein persönlicher Tempel, ein Bereich, in dem er seine Persönlichkeit zum Ausdruck bringen kann.

Mit seinen häuslichen Fähigkeiten ist der Krebs auch ein hervorragender Gastgeber. Wundern Sie sich nicht, wenn Ihr Krebs-Partner Ihnen gerne mit selbstgemachten Speisen schmeichelt, denn es gibt nichts, was er lieber mag als natürliche Lebensmittel.

Der Krebs kümmert sich auch übermäßig um seine Freunde und seine Familie und liebt es, die Rolle des Beschützers zu übernehmen, die es ihm ermöglicht, begeisterte Bindungen zu seinen engsten Gefährten aufzubauen.

Vergessen Sie aber nicht, dass der Krebs, wenn er sich emotional auf jemanden einlässt, Gefahr läuft, die Grenze zwischen Fürsorge und Kontrolle zu verwischen.

Der Krebs hat auch eine unbeständige Natur wie der Mond und neigt zu Instabilität. Der Krebs ist das mürrischste Zeichen des Tierkreises. Ihre Partner müssen lernen, ihre emotionalen Schwankungen zu schätzen, und natürlich muss der Krebs auch seine eigene Sentimentalität kontrollieren.

Seine defensiven Gewohnheiten haben eine andere Seite, und wenn er sich provoziert fühlt, wird er nicht zögern, sich zu verteidigen. Der Krebs sollte daran denken, dass gelegentliche Fehler und Streitereien seinen Partner nicht zum Feind machen. Darüber hinaus sollten Sie sich energisch darum bemühen, in Ihren Beziehungen präsent zu sein.

Als gefühlsbetontes und introspektives Zeichen fällt es Ihnen leicht, sich die meiste Zeit in sich selbst zurückzuziehen, und wenn Sie in einer Beziehung nicht präsent bleiben, ist Ihr Partner vielleicht nicht mehr an Ihrer Seite, wenn Sie das nächste Mal aus sich herausgehen.

Der Krebs ist ein guter Zuhörer, und sobald er aus seiner Schale herauskommt, ist er ein emotionaler Schwamm. Ihr Krebs-Partner saugt Ihre Emotionen auf, was manchmal unterstützend, manchmal aber auch erstickend sein kann.

Es ist nicht leicht zu erkennen, ob der Krebs Sie imitiert oder sich wirklich in Sie einfühlt, aber da er so sehr mit seinem Partner verbunden ist, macht das keinen Unterschied.

Wenn die emotionale Rückendeckung des Krebses Ihrer Persönlichkeit im Wege steht, sollten Sie sie loslassen. Dieses sensible Sternzeichen lässt sich auch von der subtilsten Meinung leicht herausfordern, und obwohl er direkte Konflikte vermeidet, indem er schräg geht, kann er auch seine Backenzähne benutzen.

Dieses charakteristische unbekümmerte und provokante Verhalten ist zu erwarten, und es ist selten, dass man mit Krebs ausgeht, ohne mindestens einmal eine Kostprobe seiner charakteristischen schlechten Laune zu bekommen.

Wegen der Sensibilität des Krebses ist es nicht leicht, mit ihm zu streiten, aber mit der Zeit werden Sie lernen, welche Worte Sie sagen und vor allem, welche Sie vermeiden sollten. Seien Sie sich bewusst, was Ihren Partner stört, und mit der Zeit wird es einfacher sein, schwierige Dialoge zu führen.

Es ist wichtig zu wissen, wie dieses magische Wesen in seinen besten und schlechtesten Momenten funktioniert. Das Wichtigste ist, sich daran zu erinnern, dass der Krebs nie so gleichgültig ist, wie er aussieht.

Das Schwierigste beim Krebs ist es, seine harte und starre Oberfläche zu durchbrechen. Aus diesem Grund ist Toleranz beim Flirten mit dem Krebs der Schlüssel. Gehen Sie langsam und stetig vor, und mit der Zeit werden Sie das Vertrauen gewinnen, Ihr wahres Ich zu offenbaren.

Natürlich kann dies ein langer und komplizierter Prozess sein, und der kleinste Fehler kann den Krebs in die Defensive bringen, so dass aus zwei Schritten vorwärts ein Schritt zurück werden kann. Lassen Sie sich nicht entmutigen, es ist nicht persönlich, es ist nur die Physiologie eines Krebses.

Der Krebs kann zwanglosen Sex haben, aber dieses süße Wasserzeichen bevorzugt Beziehungen, die emotionale Intimität beinhalten.

Denken Sie daran, dass der Krebs sich erst einmal wohlfühlen muss, bevor er aus seinem Schneckenhaus herauskommt, und das ist besonders wichtig, wenn es um Sexualität geht. Für den Krebs wird das Vertrauen durch körperliche Nähe gestärkt.

Sie können damit beginnen, eine sexuelle Beziehung mit dem Krebs zu kultivieren, indem Sie ihn nach und nach integrieren, und seinen Rhythmus und seine Zärtlichkeiten berücksichtigen. Dies wird dem Krebs ermöglichen, sich mit der Verschmelzung von emotionalem und körperlichem Ausdruck wohler zu fühlen und sicherzustellen, dass er sich geschützt fühlt, bevor das Liebesspiel beginnt.

Obwohl der Krebs geduldig ist und dazu neigt, loyal zu sein, da er sich von seinem Partner beschützt und verstanden fühlen muss, kann er Intimität mit einer anderen Person suchen, wenn er das Gefühl hat, dass diese Ansprüche nicht erfüllt werden.

Der Krebs kann sehr boshaft sein, so dass jede geheime Beziehung berechnet wird, und eine verirrte Krabbe wird es notwendig machen, seinen Unfug zu Grabe zu tragen, wird er zusätzliche Maßnahmen ergreifen, um zu verhindern, dass die Begegnung entdeckt wird, indem er die Beweise am Meeresufer vergräbt.

Auch die treueste Krabbe hat Geheimnisse, aber das bedeutet nicht, dass sie schlecht oder böse ist.

Jeder hat das Recht, bestimmte Dinge für sich zu behalten, und ein kleines Geheimnis verleiht der Beziehung eine besondere Note.

Dem Krebs fällt es nicht leicht, eine ernsthafte und verbindliche Beziehung einzugehen, und wenn er sich sicher fühlt, wird er nicht wollen, dass sie zerbricht.

Der Krebs neigt dazu, in einer Beziehung zu bleiben, auch wenn der Funke nicht mehr überspringt, denn der Krebs ist im Grunde seines Herzens sentimental. Aber natürlich sind nicht alle Beziehungen dazu bestimmt, ewig zu halten.

Dieses Wasserzeichen gibt nicht vor, rachsüchtig zu sein, aber wenn sein Herz gebrochen ist, weiß er, wie man Grenzen setzt.

Indem er Ihre Telefonnummer löscht, Sie blockiert und Ihnen in den sozialen Medien nicht mehr folgt, kann er sich bei einer Trennung vor Schmerz schützen. Wenn Ihre Beziehung mit dem Krebs endet, sollten Sie sich also auf eine gründliche Liste von Regeln gefasst machen.

Der Krebs kann idealistisch sein, und dieses Wasserzeichen ist zweifellos auf der Suche nach einer Liebesbeziehung. Allerdings interagiert er auf unterschiedliche Weise mit jedem Sternzeichen.

Allgemeines Horoskop für Krebs

Dies ist ein fabelhaftes Jahr für Neuanfänge, neue Unternehmen und Projekte. Was du jetzt beginnst, wird der Fokus für die nächsten 5 Jahre deines Lebens sein. Beginne das Jahr 2024 mit Energie, Begeisterung und Aufregung.

Es ist ein Jahr, in dem eine starke Beziehung zwischen Ihrer Persönlichkeit und Ihrem Berufsleben besteht, wobei diese Interaktion von größter Bedeutung ist.

Sie möchten eine Position mit einem gewissen Bekanntheitsgrad erreichen und für Ihre persönliche Arbeit bewundert werden. Der Erfolg stellt sich in diesem Jahr mehr oder weniger stark ein, auch wenn Sie ihn aufgrund Ihres starken Ehrgeizes als unzureichend empfinden könnten.

In dem Kreis, in dem Sie sich bewegen, wird Ihre Anwesenheit offensichtlich sein, auch wenn andere von Ihnen Verantwortung verlangen werden.

Im Allgemeinen verspricht dieser Zeitraum beruflichen Erfolg, und Sie werden immer den Kredit und den Schutz finden, der dafür notwendig ist.

Ihre geschäftlichen oder beruflichen Angelegenheiten werden im Mittelpunkt stehen. Auch die Beziehungen zu Autoritätspersonen und zu Ihren Eltern werden wahrscheinlich eine wichtige Rolle spielen, auch wenn

vielleicht ein grundlegendes Problem auftaucht, das
Sie lösen müssen.

Sie sollten bei Konflikten im beruflichen oder
geschäftlichen Bereich eine gewisse Vorsicht walten
lassen.

Es ist jedoch eine angenehme Zeit, um sich auf Ihre
Ziele zu konzentrieren und das Bild, das Sie nach
außen hin abgeben, zu verbessern.

Es ist ein Jahr, in dem Sie ständig auf der Suche nach
neuen Erfahrungen sind, aber hinter Ihrem
Tatendrang und Ihrem Wunsch nach Veränderung
verbirgt sich wahrscheinlich die Angst, dauerhafte
Bindungen einzugehen.

Es wird Ihnen schwerfallen, die weibliche Seite Ihres
Wesens zu erkennen und die Verantwortung für das
Wohlergehen eines anderen zu übernehmen. In diesem
Jahr werden Sie Verpflichtungen scheuen, weil Sie
sich nicht emotional gebunden fühlen wollen.

Andere werden Ihren Unternehmungsgeist bewundern
und es zu schätzen wissen, dass Sie sich nicht vor der
Verantwortung drücken, vor allem, wenn eine Ihrer
riskanten Aktionen nicht gut ausgeht.

Es ist ein Jahr, in dem Sie zu einem Kämpfer werden,
der nicht so leicht aufgibt und, wenn nötig, seinen
Weg allein geht.

Ihre emotionale Seite wird sensibler sein als sonst, und Sie werden vor Zärtlichkeit für alle Menschen um Sie herum überquellen. Vor allem Ihre Kinder (falls Sie welche haben) werden von Ihrer besonderen Veranlagung profitieren, ihnen zuzuhören und für ihre Bedürfnisse empfänglicher zu sein, sowie liebevoller und verständnisvoller.

Da Sie die schönen Seiten des Lebens mehr denn je schätzen, könnten Sie diese Veranlagung für kreative Ausdrucksformen, gesellschaftliche Ereignisse und geschäftliche Aktivitäten nutzen. Außerdem werden Sie wahrscheinlich eine gefühlsbetonte Beziehung eingehen oder Ihre derzeitige Beziehung in Form und Gefühl verändern.

Sie können häufiger zu Ihren gewohnten Vergnügungsstätten reisen.

Auch ein Familienmitglied kann Ihnen möglicherweise ein Einkommen oder finanzielle Unterstützung bieten.

Was Ihre Gesundheit betrifft, so werden Sie in dieser Zeit sehr anfällig für Erkältungen und Reizungen sein; es kann nicht schaden, Ihre Atemwege und Nieren im Auge zu behalten.

Während der rückläufigen Phase des Merkurs sollten Sie überlegen, welchen Dingen oder Menschen Sie eine zweite Chance geben wollen, anstatt etwas Neues zu beginnen. Wenn es etwas Neues ist, müssen Sie es vielleicht auf unkonventionelle Weise tun.

Sie werden Menschen treffen, die spirituell veranlagt sind und die Ihre Persönlichkeit prägen werden. Dies ist eine geeignete Zeit für Ihr spirituelles Erwachen.

Wenn Sie noch keinen Partner haben, denken Sie daran, dass sich Gelegenheiten nicht wiederholen. Wenn Sie an einer Person interessiert sind, sollten Sie sie ansprechen und ihr sagen, was Sie empfinden, ohne lange zu überlegen. Dieser kleine Akt des Mutes wird den ganzen Unterschied ausmachen, den Beginn einer Liebesgeschichte.

Liebe

Das kann im Jahr 2024 ein starkes Thema sein. Alles, was Sie sich in der Liebe wünschen, könnte nach Mai sein.

In Deinem Liebesleben und in Deinem Leben im Allgemeinen hat eine planetarische Entgiftung stattgefunden. Das war keine angenehme Erfahrung. Alle Liebeserfahrungen, die ihr gemacht habt, sind von entgiftender Natur.

In diesem Jahr werden Sie in Ihrem Liebesleben einen Schritt nach vorne machen und Ihrer Beziehung neue Kraft verleihen. Infolgedessen wird Ihre Beziehung stärker sein als zuvor, und das gegenseitige Vertrauen zwischen Ihnen beiden wird zunehmen.

In diesem Jahr werden Sie die Gefühle Ihres Partners verstehen und seinen Standpunkten Bedeutung beimessen. Versuchen Sie nicht, Ihre Gedanken aufzudrängen, sonst kann es zu Spannungen in Ihrem Liebesleben kommen.

Da Sie möglicherweise mit unnötigem Klatsch und Tratsch konfrontiert werden, sollten Sie mit Ihrem Privatleben sehr diskret umgehen.

Es wird Zeiten geben, in denen Sie sich von Ihrem Partner trennen möchten. All das können Sie kontrollieren oder vermeiden, wenn Sie auf die wichtigen Dinge in Ihrem Liebesleben achten.

Für Singles bieten sich in den ersten drei Monaten des Jahres viele Gelegenheiten, romantische Beziehungen einzugehen. Im zweiten Quartal wird es flüchtige Beziehungen geben.

Sie nähern sich allmählich dem Ende eines langsamen Wandels. Sie müssen weiterhin langsame, aber stetige Schritte nach vorne machen. Sie müssen Ihre Beziehungen ernster nehmen, was aber nicht bedeutet, dass Sie den Spaß aufgeben müssen.

Sie müssen sich mehr für Ihre Beziehung engagieren, da Sie praktisch ein Single-Leben führen, aber die Vorteile der Existenz von zwei Personen genießen. Sie müssen lernen, Entscheidungen gemeinsam mit Ihrem Partner zu treffen.

Vielleicht fühlen Sie sich ab März ein wenig unsicher, aber das ist nichts, was ein Familienausflug nicht beheben könnte.

Während der Vollmondphasen werden Sie die Liebe ernster nehmen und sich bemühen, denjenigen näher zu kommen, mit denen Sie eine starke Verbindung haben.

Sie werden einige Monate mit einer gewissen Unsicherheit leben. Sie werden eine Beziehung beginnen, die zunächst nur auf Sex basiert, aber Sie werden sich emotional engagieren und sich eingestehen, dass Sie sich verlieben.

In diesem Jahr werden Ihre persönlichen Beziehungen in den Mittelpunkt Ihrer Aufmerksamkeit rücken. Sie brauchen den Kontakt zu anderen Menschen und sind besorgt über deren Eindruck von Ihnen. Es ist an der Zeit, Ihr Verhalten in Bezug auf andere Menschen, insbesondere Ihren Partner, zu überprüfen und über Anpassungen und Korrekturen nachzudenken.

Sie werden vielleicht mehr denn je erkennen, dass Sie die Zusammenarbeit mit anderen brauchen, um Ihre Ziele zu verwirklichen, und dass der beste Weg, Ihrem Leben einen Sinn zu geben, Ihre Individualität und Kraft in Partnerschaften und Beziehungen liegt.

Die Teilnahme an gemeinsamen Aktivitäten wirft Fragen auf, die es Ihnen ermöglichen, klarer zu definieren, wer Sie sind.

Ihre Identität wird durch die Schwierigkeiten und Komplikationen geprägt und gefestigt, denen Sie bei dem Versuch begegnen, lebenswichtige und aufrichtige Bündnisse zu schließen.

Wirtschaft

Dieses Jahr bringt eine Menge positiver Energie für die Verhandlungen, an denen Sie gearbeitet haben, besonders in Situationen, in denen Sie kritische Themen diskutieren müssen.

Es besteht die Möglichkeit, dass Sie eine neue Stelle bekommen, in der Sie Ihre Talente zur Geltung bringen können. Wenn Sie eine Präsenz in den sozialen Medien haben, halten Sie sie auf dem neuesten Stand.

Verschwenden Sie keine Zeit und planen Sie. Wenn Sie Ihr eigenes Unternehmen führen, ist es an der Zeit, aus der Routine herauszukommen.

Wenn Sie arbeitslos waren und eine Stelle suchen, haben Sie mehr Glück, vor allem wenn Sie über besondere Erfahrungen oder Fähigkeiten verfügen.

Sie können in der Selbstständigkeit viel Geld verdienen, das Ihnen in Zukunft zugutekommen kann. Wenn Sie selbständig sind, werden Sie ebenfalls spektakuläre Ergebnisse erzielen.

In finanzieller Hinsicht werden Sie im Laufe des Jahres einige schwierige Momente erleben, die jedoch glimpflich verlaufen werden. Diejenigen, die ihre Talente viel mehr ausschöpfen wollen, werden die Möglichkeit dazu haben. Wenn Sie keine großen Ausgaben tätigen müssen, dann tun Sie das auch nicht, und es ist auch nicht gut für Sie, Geld zu leihen. Du musst anfangen, viel mehr zu sparen, denn dies ist ein kompliziertes Jahr.

Die Kunst des Geldverdienens besteht darin, die Chancen zu nutzen. Sie müssen all diese sinnlosen und ungeordneten Wünsche ausbremsen und eine bessere Strategie zum Geldverdienen planen. Wenn Sie Ihre Ziele nicht definieren, werden Sie keinen Erfolg haben.

Im Jahr 2023 haben Sie viele Lektionen in Sachen Finanzen gelernt. Wenn Sie in diesem Jahr eine Entscheidung treffen müssen, werden Sie aufgrund dieses Wissens Ihre Impulsivität beiseiteschieben und sich auf Geduld und Toleranz besinnen. Alle Ihre geschäftlichen Aktivitäten werden Ihnen Gewinn bringen.

Sie erhalten Vorschläge, die es Ihnen ermöglichen, zwischen verschiedenen vorteilhaften Optionen zu wählen, um in Ihrem Berufsfeld zu wachsen. Sie sollten alle Details sorgfältig analysieren, damit Ihre endgültige Entscheidung diejenige ist, die Ihnen den größten Nutzen bringt.

Lassen Sie nicht zu, dass sich Ihre Fehler aufgrund Ihrer übermäßigen Passivität unbemerkt anhäufen, denn dann kann die Situation kritisch werden.

Dies ist das Jahr, in dem Sie aufwachen und handeln müssen. Alle Entscheidungen, die Sie treffen müssen, liegen in Ihren Möglichkeiten.

Sie können Ihre Zukunft verändern, wenn Sie Ihrer Fantasie freien Lauf lassen. Sie sollten damit beginnen, Projekte zu entwickeln, die Ihnen ein zusätzliches Einkommen und eine neue Art zu arbeiten verschaffen können.

Rückläufige Merkurphasen wirken sich auf Ihren beruflichen Bereich aus. Das kann bedeuten, dass du dich beruflich verändern wirst, wenn dir deine Arbeit nicht gefällt. Die Zeit, in der Sie diese Energie am stärksten spüren werden, ist die Sonnenfinsternis am 8. April, die in Ihrem beruflichen Umfeld stattfindet.

Familie

Dies ist ein kritischer Bereich für Sie. Im Allgemeinen deutet dies auf einen Umzug in eine größere und geräumigere Wohnung oder eine Renovierung der vorhandenen Wohnung hin.

Eine Schwangerschaft wäre keine Überraschung, vor allem, wenn Sie sich bemüht haben.

Ihr natürliches Mitgefühl wird sich in Handlungen manifestieren, die sich an diejenigen in Ihrem Familienkreis richten, die vom Weg abgekommen sind und Hilfe brauchen.

Aus einer verständnisvolleren Position heraus werden Sie versuchen, Ihre Rolle in der Familie zu erfüllen, aber Sie werden es tun, ohne zu urteilen, mit einem offeneren Geist, und das wird Ihre Familienmitglieder dazu bringen, zu Ihnen Zuflucht zu nehmen und Ihre Meinung zu suchen, um Familienprobleme zu lösen.

Ihre Lebenskraft und Ihr Wille scheinen in der Mitte des Jahres mit Ihrer emotionalen Seite in Konflikt zu geraten, und Sie könnten den Eindruck haben, dass die Umstände gegen Sie sind, da Sie einen Mangel an Unterstützung und Zuneigung in Ihrer Umgebung wahrnehmen. Es könnte sogar zu einem angespannten Austausch mit einem geliebten Familienmitglied kommen. Aber keine Sorge, das wird schnell vorübergehen, ohne wesentliche Folgen zu haben. Es wird Ihnen helfen, geduldig und flexibel zu sein.

Krebs Gesundheit

Denken Sie daran, dass das häufigste Gesundheitsproblem zu Beginn des Jahres Stress heißt. Der Umgang mit all den Schulden, die wir aufgrund der Ausgaben zum Jahresende haben, kann überwältigend sein. Deshalb ist es wichtig, realistisch und geduldig zu sein.

Es ist die perfekte Zeit, um Dinge wie Meditation auszuprobieren und die Qualität Ihres Schlafes zu verbessern, da all dies viele Vorteile für Ihre geistige Gesundheit hat.

Denken Sie positiv und seien Sie optimistisch, denn positive Gefühle verbessern den Energiefluss.

Vielleicht leiden Sie in diesem Jahr unter Allergien. Hören Sie nicht auf, Ihre Ernährung gesundheitsbewusst umzustellen. Sie sollten Ihre Ernährung mit Nahrungsergänzungsmitteln oder Vitaminen ergänzen, die Ihr Immunsystem stärken.

Im Allgemeinen können Ihre gesundheitlichen Probleme mit den Nerven, übermäßiger Sorge und unzureichender Ruhe zusammenhängen.

Vielleicht haben Sie das Bedürfnis, Ihre Gewohnheiten zu entschlacken und geregelter und ernster zu werden. Nutzen Sie dieses Jahr, um durch Sport, gesunde

Ernährung und Yogaübungen etwas für Ihre
Gesundheit zu tun.

Löwe

Dieses Zeichen, das durch den Löwen symbolisiert wird, wird Sie nicht vergessen lassen. Obwohl sein Charakter fröhlich ist, hat er auch eine grimmige Rauheit, die sein Brüllen begleitet.

Alles, was der Löwe tut, ist tragisch, und wenn er wütend wird, ist es besser, ihm aus dem Weg zu gehen. Er ist ein fixes Zeichen, sehr fest in seinen Ideen, beständig in seinen Absichten und hartnäckig in seiner Art zu handeln.

Löwe ist ein fleißiger Komplize, der sein Herz in jede Beziehung steckt. Natürlich kann er auch unglaublich unnachgiebig sein, aber Hartnäckigkeit ist immer ein Anzeichen für seine Ehrlichkeit.

Der Löwe lässt sich von Dramen inspirieren, ist aber auch sehr sensibel. Er ist zweifellos das emotionalste aller Feuerzeichen und kann leicht verletzt werden, so dass Ihr Partner wissen muss, wie er dieses zarte Exemplar nähren kann.

Loyalität ist für den Löwen besonders wichtig, und wenn Sie sein Reich betreten, wird er Sie um absolute Liebe bitten.

Wenn dieses Zeichen sich verletzt fühlt, ist es besser, ihm keine Ratschläge zu erteilen. Der Löwe sucht Erleichterung, keine Ermahnungen, und wird sich daher von seinem Partner verraten fühlen, wenn Sie anfangen, Ihre Meinung zu irgendeiner Situation kundzutun.

Der Löwe wird Sie bis an die Grenze bringen, denn er liebt es, herausgefordert zu werden. Seit seiner Kindheit weiß er, dass er ein königliches Tier ist, und selbst der besonnenste Löwe wird eine königliche Haltung einnehmen.

Dieses Sternzeichen wird nie müde, Beifall zu erhalten. Opulente Abendessen, exklusive Partys und Designerkleidung geben ihm das Gefühl, geliebt zu werden.
Beachten Sie bei der Suche danach, dass es nicht einfach ist, dem Reim zu folgen. Manchmal kann es schwierig sein, ein so strenges Zeichen zu erstellen. Aber am Ende ist es das wert.

Wenn Sie einmal Ihren Platz im Herzen des Löwen eingenommen haben, werden Sie den Thron nicht mehr hergeben wollen. Löwe hat nichts dagegen, dass sein Partner ein Ego hat, im Gegenteil, der Löwe möchte, dass sein Partner eitel und sehr selbstbewusst ist.

Löwe ist nicht auf der Suche nach einem Egomanen, aber dieses furchtlose Wesen muss sicherstellen, dass sein Partner weiß, wie man die Krone mit Würde trägt.

Der Löwe schätzt das Konzept eines Partners als eine Erweiterung seiner selbst. Da dieses Feuerzeichen für seine Kühnheit in allem bekannt ist, von seinen kreativen Unternehmungen bis hin zu seinen Romanzen im Hollywood-Stil, ist es wichtig, jemanden zu finden, der genau weiß, wonach er sucht.

Wenn es um Sexualität geht, kann der feurige Löwe auch im Bett glänzen.

Die größte sexuelle Erregung des Löwen besteht darin, sich begehrenswert zu fühlen. Er ist von der Verführung betört, und Zuneigung muss durch ostentative Rendezvous und grandiose romantische Ausdrücke gezeigt werden.

Dieses Zeichen heult bei dem Gedanken, begehrt zu werden, vor allem dann, wenn sich dieses brennende Verlangen in enthusiastische Liebe verwandelt.

Dieser feurige Löwe verliebt sich ständig, er mag es, wenn seine Romanzen so groß sind wie seine Persönlichkeit, und nichts lässt ihn lauter brüllen als unverhohlene Anbetung.

Er muss im Mittelpunkt der Aufmerksamkeit stehen und kann daher von gefährlichen Romanzen verführt werden.
Löwe fällt es nicht leicht, Lob zu widerstehen, und so zieht es ihn zu Komplimenten hin.

Wenn das Drama vorzeitig endet und Löwe verlassen wird, ist das eine andere Geschichte. Zunächst ist seine Reaktion in der Regel ein Schock, und nach dieser Phase erlebt er verheerende Ängste, die sein Leiden zeigen.

Selbst wenn es ernst wird, ist der Löwe ein unverwundbares Wesen, das den Weg zurück ins Licht finden wird, denn der Löwe ist fröhlich und furchtlos und weigert sich, Misserfolge zu akzeptieren.
Löwe ist immer auf der Suche nach einem Partner, der seinen Geist anregt, denn schließlich hasst er Langeweile.

Allgemeines Horoskop für Löwe

Das Jahr 2024 bringt Energien der zweiten Chance für die Löwes, überlegen Sie also, was das für Sie bedeuten könnte.

Es kann zu enormen Veränderungen in Ihren Beziehungen kommen, in der Art und Weise, wie Sie sie angehen und handhaben, in den Menschen, die Sie anziehen, und in dem, was Sie in Ihren persönlichen Beziehungen wollen und brauchen.

Mondfinsternisse bringen eine intensive Konzentration auf das, was Sie verändern müssen, um Ihre Beziehungen zu verbessern. Vielleicht müssen Sie sich mit etwas auseinandersetzen, vor dem Sie eine Zeit lang weggelaufen sind, und das kann ärgerlich sein, aber es wird Ihnen helfen, voranzukommen.

Sie können sich ehrgeiziger fühlen und nach Erfolg streben. Sie werden eine Art von Erfolg erzielen, auf den Sie schon seit Jahren hinarbeiten.

Sie werden von Ihrer Arbeit begeistert sein, und wenn Ihnen die Leidenschaft dafür fehlt, können Sie sich in diesem Jahr auf die Suche nach einem neuen Job konzentrieren.

Die neuen Monde geben Ihnen die Möglichkeit, sich nach einer neuen Stelle umzusehen, wenn Sie das möchten, und Sie können neue Projekte in Angriff nehmen und sich auf das konzentrieren, was Sie gerne tun.

Sie werden einige größere Veränderungen vornehmen müssen, aber Sie müssen dabei klug vorgehen. Wenn Sie lieben, was Sie tun, können Sie große Fortschritte machen und erfolgreich sein. Es werden sich vielleicht Gelegenheiten ergeben, die Ihnen bei Ihren Investitionen helfen, und Sie werden kreative Wege *finden, um mehr Vertrauen in die Art und Weise zu haben, wie Sie Ihr Geld anlegen.*

Sie müssen Ihre Gesundheit schützen, versuchen Sie nicht, alles auf einmal zu tun. Kümmern Sie sich um Probleme, wenn sie auftauchen.

Zu Beginn des Jahres und in den Sommermonaten werden Sie mit großen Herausforderungen konfrontiert werden.

Liebe

Pluto befindet sich seit über einem Jahrzehnt in Deinem Liebesbereich, so dass Du Dich ernster und intensiver mit der Liebe auseinandergesetzt hast und sie viel ernster nimmst. Was Liebe ist und was sie für dich bedeutet, hat sich gewandelt, aber du fühlst dich jetzt mehr auf das ausgerichtet, was für dich wahr ist. Sie wissen, was Sie in einer Beziehung wirklich wollen und brauchen, und wenn Sie sich engagieren, sind Sie auch bereit, etwas zu geben.

Während der rückläufigen Merkur-Perioden werden bestehende Probleme in Ihren Liebesbeziehungen zunehmen, und das kann dazu führen, dass Sie sich frustriert und ungeduldig gegenüber anderen fühlen, aber Sie müssen an all diesen Problemen arbeiten und sich verbessern.

Dieses Jahr kann ein geeigneter Zeitpunkt sein, um eine bestehende Beziehung neu zu entfachen oder eine alte Liebe wieder aufleben zu lassen, besonders mit den neuen Monden, die dazu Gelegenheit bieten. In jedem Fall sollten Sie versuchen, Ihre Beziehungen zu anderen zu pflegen und sie zu unterstützen.

Saturn und Neptun befinden sich das ganze Jahr über in Ihrem Intimitätssektor, und aus diesem Grund ist eine spirituelle Verbindung mit den Menschen, die Ihnen am nächsten stehen, für Sie wichtig. Sie werden durchsetzungsfähiger und realistischer im Umgang mit Ihren emotionalen Bindungen zu anderen sein.

Sie können sich auf gesunde Weise mit alten Problemen und Traumata befassen, die diesen Bindungen im Wege standen, und Lehren aus der Vergangenheit ziehen, die Ihnen helfen werden, in Zukunft bessere Bindungen aufzubauen.

Für einige Löwes könnte die Liebe zur Ehe führen. Wenn du ein alleinstehender Löwe bist, sei darauf vorbereitet, deine wahre Liebe zu finden. Aber sei vorsichtig, du solltest nicht jedem vertrauen, denn es gibt Menschen, die versuchen könnten, deine Freundlichkeit auszunutzen.

Verheiratete Löwes werden Glück und Wachstum in ihren Familien erleben. Um Ihren Partner glücklich zu machen, sollten Sie sich auf sein Wohlbefinden konzentrieren. In diesem Jahr werden Sie unglaubliche Erinnerungen mit Ihrem Partner schreiben. Ihre Liebe wird stärker werden und neue Horizonte erreichen.

Da es von Zeit zu Zeit zu Missverständnissen kommen kann, ist es wichtig, in schwierigen Zeiten Geduld zu haben. Denken Sie daran, die Entscheidungen Ihres Partners zu respektieren und Ihre Meinung nicht zu erzwingen. Mit Geduld werden Sie Ihre Beziehung stark und glücklich halten.

Einige Löwes könnten eine frühere Liebe wiederfinden, also halten Sie Ihr Herz offen. Sie können alte Missverständnisse ausräumen und die Liebe genießen.

Sie werden jeden Augenblick genießen, und Ihre familiären Beziehungen werden durch Liebe und Verständnis gestärkt werden.

Wirtschaft

Uranus steht bis zum 25. Mai in Konjunktion mit Jupiter in Ihrem Geldbereich. Diese Konstellation ist fabelhaft, um plötzliche Fortschritte zu machen und aufschnelle, unerwartete und unkonventionelle Weise Erfolg zu erleben. Sie können Ihre langfristigen Ziele und Pläne auf eine neue Art und Weise angehen, und das wird Ihnen weitere Türen öffnen.

2024 wird eine Mischung aus Gewinnen und Verlusten sein. Deine harte Arbeit wird dir Geld einbringen, aber familiäre und andere Probleme werden zu finanzieller Instabilität führen. Versuchen Sie, Geld zu sparen, wenn anspruchsvolle Situationen auftreten. Kluges Ausgeben kann Ihnen einige Kopfschmerzen ersparen.

In der ersten Jahreshälfte werden Sie eine Mischung aus guten und schwierigen Zeiten erleben, denn Ihre Ausgaben werden steigen, aber Sie werden auch mehr Geld verdienen. Wenn Sie Ihre Ausgaben nicht kontrollieren, könnten Sie finanzielle Probleme bekommen.

Wie auch immer, dank Jupiter werden Sie Geld sparen können, da Ihnen Mittel aus verschiedenen Quellen zur Verfügung stehen, und Sie werden ein Haus kaufen können, falls Sie sich das Wünschen.

Wenn Sie nicht krankenversichert sind, können die Gesundheitskosten Ihre Finanzen belasten. Deshalb müssen Sie auf Ihre Ausgaben achten und klug mit Ihrem Geld umgehen. Denken Sie daran, kluge finanzielle Entscheidungen zu treffen.

Familie

Sie werden sich auf Heim- und Familienangelegenheiten konzentrieren. Du wirst daran arbeiten, Projekte zu Hause zu beenden, und *das wird dir helfen, dich wohler, stabiler und emotional sicherer zu fühlen.*

Während der Vollmondphasen können familiäre Probleme auftauchen, und es ist wichtig, sie anzusprechen und zu lösen.

Das familiäre Umfeld wird in diesem Jahr im Allgemeinen sehr ruhig und harmonisch sein. Auftretende Probleme werden gütlich gelöst werden. Bei erwachsenen Familienmitgliedern könnte es gesundheitliche Probleme geben, die ärztliche Hilfe erfordern.

Berufliche Verpflichtungen können dazu führen, dass Sie sich von Ihren Familienmitgliedern trennen müssen, aber es wird auch Feiern geben und neue Familienmitglieder werden hinzukommen.

Gelegentliche Trennungen von Ihrem Partner könnten durch familiäre Unstimmigkeiten verursacht werden. Seien Sie vorsichtig im Umgang mit Ihren Geschwistern, denn es könnte zu rechtlichen Problemen aufgrund von Erbschaften oder Vermächtnissen kommen. Handeln Sie nicht voreilig.

Wenn Sie alleinstehend sind, können Sie vielleicht eine stabile Beziehung aufbauen, aber im Allgemeinen gibt es zahlreiche Möglichkeiten, Ihre Liebesbeziehungen zu verbessern.

Löwe Gesundheit

Sie werden in diesem Jahr bei fantastischer Gesundheit sein. Sie werden sich energiegeladen, glücklich und stark fühlen, sowohl körperlich als auch geistig und seelisch. Mentale Stärke ist wichtig, und zum Glück wirst du das Jahr mit einer starken Mentalität beginnen.

Wenn Sie sich gesund fühlen, werden Sie in Ihrem Beruf erfolgreich sein.

Sie werden gesund und frei von Krankheiten sein. Wenn Sie chronische Gesundheitsprobleme haben, könnte dies das Jahr sein, in dem Sie sie überwinden.

Um gesund zu bleiben, sollten Sie versuchen, Meditation und Bewegung in Ihren Tagesablauf einzubauen. Vergessen Sie nicht, dass ein ruhiger und stressfreier Geist der Schlüssel zum Erhalt der Gesundheit ist.

Ruhe ist wichtig für die Gesundheit; Sie sollten viel Wasser trinken und sich dem Sonnenlicht aussetzen, um Vitamin D zu erhalten.

Bei erwachsenen Löwes können Knie- oder Gelenkschmerzen auftreten, vor allem im Winterhalbjahr.

Ändern Sie Ihre Essgewohnheiten für eine bessere Gesundheit. Seien Sie vorsichtig bei Unfällen

und Verletzungen, besonders beim Autofahren oder
beim Sport.

Jungfrau

Jungfrau ist ein Erdzeichen, das von der Göttin der Landwirtschaft repräsentiert wird. Die Jungfrau ist geschickt und methodisch, gründlich und strebt danach, sich zu verbessern, was sie zu einem der besten Partner im Tierkreis macht. Die Jungfrau ist ein Gelehrter, und inspirierende Worte und Ideen sind für dieses Erdzeichen ein Aphrodisiakum.

Jungfrauen neigen dazu, unersättlich zu lesen, Filme zu schauen oder Musik zu lieben. Als veränderliches Zeichen sind sie auch aufgeschlossen, eine Eigenschaft, die sich oft in ihrem exquisiten Geschmack niederschlägt.

Die Jungfrau schätzt Kunst, die in viele Kategorien fällt, und liebt es, neue Autoren kennen zu lernen. Die Jungfrau verlässt sich auf Logik und Organisation, wenn es um Herzensangelegenheiten geht, und dieses launische Zeichen sucht einen Partner, der zu ihrem Alltag passt.

Die Jungfrau benutzt eine Datenbank, um ein vollständiges Bild ihres Partners zu erstellen. Alle Menschen in ihrem Leben und ihre Gewohnheiten werden in einer mentalen Aufzeichnung gesammelt, mit ihren Gewohnheiten und Abneigungen. Jungfrau liebt es, durch ihre Unterstützung und Praktikabilität zu helfen, und dieses Erdzeichen ist immer beharrlich, um praktikable Lösungen für Konflikte anzubieten.

Das Streben der Jungfrau nach Spitzenleistungen kann sich auf ihre Mitmenschen auswirken, und ihre Analyse reicht von nachdenklich und subtil bis hin zu übermäßig kritisch.

Um gesunde Beziehungen aufrechtzuerhalten, sollten Jungfrauen nicht urteilen und ihren Lieben erlauben, in ihren Schuhen zu gehen.

Für Jungfrauen ist es besonders wichtig, sich vor Augen zu halten, dass die ständige Suche nach Perfektion destruktiv werden kann.

Wenn es um Sexualität geht, hat dieses Zeichen eine üppige Energie, ist aber naiv. Da sie von Merkur regiert werden, ist ihre Sexualität von forschender Natur; sie betrachten jeden Aspekt des Geschlechtsverkehrs, einschließlich des Körperbaus ihres Partners.

Es gibt immer eine Schönheit im Makel, deshalb ist es für die Jungfrau wichtig zu erkennen, dass das, was einem Makel gleichkommt, eher ein Nutzen als ein Fehler sein kann.

Dieses intellektuelle Zeichen wird von Humor und intelligenten Gesprächen sehr angetörnt. Theoretisch würde die Jungfrau einen fantastischen

Liebesromanautor abgeben, aber wenn Ihr Jungfrau-Liebhaber nicht Nicholas Sparks oder Corin Tellado ist, wird er oder sie das wahrscheinlich in einer verkürzten Form zeigen.

Seien Sie nicht überrascht, wenn Ihr Jungfrau-Liebhaber im Schlafzimmer recht zurückhaltend ist, zumindest am Anfang.

Die Jungfrau ist ein Mensch der Routine, bis es ihm gelingt, einen Dialog zu entwickeln, wird er ein liebevoller Zuschauer sein, der sehr aufmerksam verfolgt, was im Bett passiert.

Das bedeutet nicht, dass er nicht verdorben ist, in der Tat, Jungfrau liebt es, im Schlafzimmer enthusiastisch zu sein, in einer sicheren Umgebung, wird Jungfrau wollen in regelmäßigen Sex, die ihm erlaubt, alle Ihre Neigungen ausloten zu engagieren. Aber versuchen Sie nicht, etwas Unerwartetes, plötzliche Änderungen in der Bewegung oder Rollen wird ihn zu verwirren.

Jungfrauen sind gerne hilfsbereit und setzen ihre Fähigkeiten ein, wann immer sie können, daher neigen sie dazu, die Probleme anderer aufzusaugen. Der beste Weg, dies zu bekämpfen, ist, die Dinge einfach zu halten.

Ihr Jungfrau-Partner ist zwar enthusiastisch, aber machen Sie ihn nicht zum Aufpasser für alle Ihre

Rückschläge. Wenn Sie Ihren ganzen Stress bei der Jungfrau abladen, wird er oder sie sich überfordert fühlen. Ziehen Sie es in Betracht, Ihre Frustrationen bei Ihren Freunden abzuladen.

Für eine dauerhafte Beziehung mit der Jungfrau ist es wichtig, dass Sie wissen, dass er verlässlich ist, aber er muss sich auch auf Sie verlassen können, vor allem wenn er sich irrt.

Kritisieren Sie die Jungfrau nicht, es mag ironisch erscheinen, aber die Jungfrau hasst es, wenn man sie auf ihr Verhalten aufmerksam macht. Das wird ihn ermutigen, Sie um Hilfe zu bitten und die Beziehung zu festigen.

Da die Jungfrau in der Liebe nach einem unmöglichen Ideal strebt, wird sie, wenn sich die Utopie der Vollkommenheit auflöst, die Beziehung vollständig aufgeben, ohne ihren Partner darüber zu informieren.

Er hat nicht die Absicht, unanständig zu sein; er hasst es, Menschen zu enttäuschen, und wird daher die Beziehung ohne eine schwierige Diskussion verlassen wollen. Mit anderen Worten: Die Jungfrau möchte verschwinden, ohne eine Spur zu hinterlassen.

Wenn es Ihnen gelingt, Ihre Jungfrau-Partnerin zu kontaktieren, bevor sie sich in andere Arme begibt, wird sie sich entschuldigen und versuchen, die

Spannung zu entschärfen, indem sie die ganze Last auf sich nimmt.

Wenn eine Trennung überraschend kommt, fällt es Ihnen schwer, loszulassen. Sie spielen im Geiste jedes Detail der Beziehung immer wieder durch, um den entscheidenden Moment zu entdecken, an dem sich die Dinge um 180 Grad gedreht haben.

Die Jungfrau ist nicht immer schwarz-weiß, sie ist vielmehr ein sehr komplexes Wesen, und wenn sie genügend Informationen findet, um zu dem Schluss zu kommen, dass ihre derzeitige Beziehung fehlerhaft ist, ist sie bereit, anderswo nach einer zufriedenstellenden Beziehung zu suchen.

Allgemeines Horoskop für Jungfrau

Für die Jungfrau wird dieses Jahr ein Jahr der großen Chancen in allen Lebensbereichen. Natürlich wird es auch einige Herausforderungen geben, die Ihre Karriere und Ihre Beziehungen erheblich beeinflussen können.

Es ist ratsam, dass Sie Ihre Ziele verfolgen und in allem das Gleichgewicht wahren, denn Sie werden einige Pläne verschieben müssen. Es kann zu Rückschlägen kommen, weil Ihnen die Energie fehlt.

Deshalb sollten Sie Ihre Emotionen kontrollieren und Ihre negativen Gedanken ausschalten.

Wenn Sie sich konzentrieren, können Sie alle Ihre Probleme problemlos lösen und erfolgreich sein. Dazu müssen Sie die Unentschlossenheit beseitigen und sich von überholten Ansichten trennen.

Zu bestimmten Zeiten des Jahres werden Sie gezwungen sein, zu diplomatischen Tricks zu greifen, um Konflikte mit anderen zu vermeiden, vor allem im Beruf.

Ein Urlaub ist für Ehepaare eine Wohltat, etwas, das sie an die ersten Momente ihrer Beziehung erinnert. Diejenigen, die in einer Beziehung leben, sollten daran denken, Zeit für Kommunikation zu finden.

Für Singles ist alles möglich: eine kurzlebige, enthusiastische Romanze mit jemandem, den man über soziale Netzwerke kennenlernt, eine bedeutungsvolle Beziehung mit einem Arbeitskollegen oder ein romantischer Ausflug mit jemandem, den man auf einem Markt trifft.

Sie werden einige familiäre Probleme haben, aber alle werden erfolgreich gelöst werden.

Bei der Arbeit sollten Sie versuchen, eigene Lösungen für Probleme anzubieten und alle zusätzlichen Aufgaben zu übernehmen.

Die Finanzen werden stabil sein, auch wenn in manchen Perioden, insbesondere in der Mitte des Jahres, die Wahrscheinlichkeit besteht, dass Ihr Einkommen sinkt oder dass es zu Zahlungsverzögerungen kommt. In diesen Phasen sollten Sie Kredite ablehnen und natürlich auch kein Geld verleihen.

Sie sollten bei Ihren Investitionen auf den Rat von Menschen hören, die mehr Erfahrung haben als Sie.

Ihre Familie wird Ihre Wirtschaft sabotieren, also müssen Sie Ihre Finanzen gut organisieren. Es ist wichtig, dass Sie mit Ihren Lieben Frieden schließen, denn in unerwarteten Momenten könnten Sie ihre Hilfe brauchen.

Im Allgemeinen wird Ihre Gesundheit gut sein, aber Sie sollten sich vor Infektionskrankheiten und Epidemien in Acht nehmen. Denken Sie daran, Ihren Arzt aufzusuchen, um möglichen chronischen Krankheiten vorzubeugen.

Sie sollten auf die Gesundheit Ihrer Haut und Ihrer Augen achten, um sie vor den schädlichen Auswirkungen von Computern und Handys zu schützen.

Es gibt Monate, in denen Symptome emotionaler Erschöpfung oder Depressionen auftreten können, und das Mittel dagegen ist, sich öfter in der Natur aufzuhalten. Auch Bewegung und Meditation haben eine hervorragende Wirkung auf Ihre Gesundheit.

Im Allgemeinen wird es ein erfolgreiches Jahr sein, trotz aller Veränderungen und unvorhersehbaren Ereignisse. Sie sollten von impulsiven Handlungen absehen, geduldig sein, wenn Sie in unsicheren Situationen leben, und günstige Umstände ausnutzen.

Es ist wichtig, seiner Intuition zu folgen, besonders in romantischen Beziehungen. Triff deine Entscheidungen, aber sei auch nicht zu voreilig, denn du könntest einen Fehler machen.

Liebe

Im Jahr 2024 können Sie Ihr Herz öffnen und eine neue Liebe in Ihr Leben bringen, denn Sie werden der Liebe gegenüber optimistischer sein. Dies kann ein gutes Jahr für Romantik sein, egal ob Sie Single oder verheiratet sind.

Ihr werdet viele Lektionen der Liebe erhalten, denkt daran, wie viel ihr gebt und empfangt.

In der Mitte des Jahres können Kämpfe und Probleme ganz offensichtlich werden. Es ist wichtig, Probleme aufzuarbeiten und eine gesunde, unterstützende Liebe in deinem Leben zu haben. Vor allem während der Neumondphasen hast du Zeit, die Dinge zu klären.

In Zeiten des rückläufigen Merkurs können alte Wunden im Weg stehen, und es ist wichtig, sich mit ihnen auseinanderzusetzen.

Ihr Liebesleben und Ihre Ehe werden ständige Anstrengungen und Engagement erfordern. Mit Hilfe der Sterne wird es Ihnen gelingen, ein gutes Gleichgewicht zwischen Gefühlen und Romantik herzustellen. Einige Jungfrauen werden im Laufe des Jahres wichtige, lebensverändernde Entscheidungen in Bezug auf ihre Liebe oder Ehe treffen.

Wirtschaft

In diesem Jahr werden Sie in der Lage sein, Ihre langfristigen Pläne voranzubringen, und harte und kluge Arbeit wird sich auszahlen. Du bekommst Anerkennung und knüpfst Kontakte zu wichtigen Menschen. Das kann mehr Verantwortung mit sich bringen, aber du kannst damit umgehen.

In Neumondperioden können sich Chancen ergeben, und Sie werden phänomenal erfolgreich sein. Sie sollten sich für Ihre Ziele begeistern und sich auf das konzentrieren, was Sie erreichen wollen.

Sie werden viel Energie haben, um erfolgreich zu sein, denn Sie werden ehrgeiziger und konzentrierter sein. Dies ist wirklich ein hervorragendes Jahr für Sie, um erfolgreich zu sein. Beginnen Sie also jetzt mit der

Arbeit an Ihren Plänen und seien Sie klug bei Ihren Entscheidungen, damit Sie keine einzige Gelegenheit verpassen.

 Konzentrieren Sie sich auf das, wofür Sie sich begeistern, sammeln Sie die erforderlichen Informationen und tun Sie es auf die richtige Weise und aus den richtigen Gründen.

Während der Vollmondphasen werden Sie neue Höhen erreichen und Ihr Tempo beibehalten. Sie sollten sich damit wohlfühlen, wie weit Sie in so kurzer Zeit gekommen sind, und sich daran erinnern, dass Sie es nach all der harten Arbeit und den Prüfungen, die Sie durchgemacht haben, verdient haben.

Wenn Ihnen die Arbeit, die Sie tun, nicht gefällt, können Sie einen Wechsel vornehmen. Sie sollten versuchen, sich auf die Arbeit zu konzentrieren, die Sie lieben, damit Sie sich selbstbewusst zu neuen Horizonten aufmachen können.

Sie werden finanzielle Belohnungen oder zusätzliche Ressourcen erhalten, die Ihr Leben erleichtern werden.

Mondfinsternisse können Ihnen helfen, Geldprobleme zu lösen, finanzielle Vereinbarungen zu treffen und alte finanzielle Muster loszulassen.

Wenn ihr Traumata im Zusammenhang mit Geld habt, wäre es jetzt an der Zeit, zu verstehen und euch von all *dieser Energie zu befreien, damit ihr Fortschritte machen könnt. Geld macht die Menschen nicht schlecht; die Menschen machen das Geld schlecht.*

Sonnenfinsternisse bringen Ihnen große finanzielle Möglichkeiten, und Sie werden keine Probleme in Bezug auf Geld haben. Sie werden beruflichen Erfolg und damit auch materiellen Reichtum erlangen können.

All Ihre harte Arbeit und konsequente Leistung in den letzten Monaten des Jahres 2023 werden sich im Jahr 2024 auszahlen. Denken Sie daran, mit der Technologie Schritt zu halten, die zu Ihrem Wachstum beitragen wird.

Planen Sie so, dass Sie in Immobilien investieren können, wenn Ihre Finanzen in Ordnung sind. In diesem Jahr werden die Planeten zu deinen Gunsten stehen, wenn du dich anstrengst. Jungfrau, seien Sie nicht selbstgefällig und arbeiten Sie weiter hart, investieren Sie Zeit und Energie, damit Sie eine gute Zukunft haben.

Familie

Anfang 2024 wird Ihr Wohn- und Familienleben in Aufruhr sein, aber das wird wahrscheinlich nicht lange dauern. Es wird Probleme geben, aber Sie werden wissen, wie Sie sie schnell lösen können.

Es besteht die Möglichkeit, dass Sie einen Umzug planen oder Ihr Haus umgestalten, Sie werden mehr Verantwortung in der Familie übernehmen müssen. Während der Vollmondphasen können Sie alle Veränderungen im Haus abschließen und Probleme in der Familie lösen.

Wenn Sie sich mehr Unterstützung von Ihren Angehörigen wünschen, müssen Sie Ihre Beziehungen zur Familie oder zu denen, die Sie als Familie betrachten, d. h. zu Ihren engen Freunden, stärken.

Während der rückläufigen Merkurphasen werden Probleme in Ihrer Familie bekannt, die noch nicht gelöst sind. Sie werden sich emotional unbehaglich fühlen.

Es wird Phasen geben, in denen die Gesundheit Ihrer Familienmitglieder und die Finanzen Ihres Haushalts beeinträchtigt sein könnten. In diesen Phasen werden Sie sich viele Sorgen machen.

Jungfrau Gesundheit

Das Jahr 2024 beschert Ihnen eine gute Gesundheit, und Sie haben keine größeren Sorgen, was aber nicht bedeutet, dass Sie vorsichtig sein sollten. Sie werden viel Energie haben, wenn Sie sich körperlich betätigen, eine ausgewogene Ernährung einhalten und regelmäßig zu Ihren Arztterminen gehen.

In der Mitte des Jahres werden Sie aufgrund von Stress einige psychische Probleme haben, also versuchen Sie, optimistisch zu bleiben. Versuchen Sie zu meditieren und Sport zu treiben, zumindest sollten Sie öfter spazieren gehen. Verbringen Sie Ihre Tage nicht im Sitzen oder Liegen und schauen Sie keine Serien auf Netflix.

Sie sollten genau darauf achten, wie Sie sich ernähren, da Sie möglicherweise einen Mangel an bestimmten Vitaminen haben.

Achten Sie auf Ihre Rückenmuskulatur, und hüten Sie sich davor, sich mit Getränken zu berauschen, denn wenn Sie Probleme haben, müssen Sie möglicherweise ins Krankenhaus.

Waage

Die Waage ist von der Harmonie fasziniert und bemüht sich beharrlich, in allen Bereichen ihres Lebens ein Gleichgewicht herzustellen. Waage ist ein Luftzeichen, es behält die Unparteilichkeit, die notwendig ist, um immer gerecht zu sein, dank seiner geistigen Tiefe, die es das sozial ausdrucksvollste Zeichen des Tierkreises macht.

Verführerisch und beliebt bei seinen Freunden, entwickelt sich die Waage im Alltag zur Perfektion und ist der legitime Ästhet des Tierkreises. Venus, der Planet der Liebe, der Schönheit und des Geldes, regiert Stier und Waage, aber die Analogie der Waage zur Venus ist anders als die des Stiers.

Für Waage ist sein romantisches Temperament intellektuell, er liebt Kunst und Intellektualität. Dieses vornehme Zeichen kann gefunden werden Verkostung von Weinen, oder lobt Werke der modernen Kunst.

Die Waage muss sich mit Gegenständen umgeben, die ihre fantasievollen Interessen zum Ausdruck bringen, und aus diesem Grund sind sie ausgezeichnete Künstler.

Die Vorlieben der Waage dürfen nicht als Hinweis darauf missverstanden werden, dass sie das, was unter der Oberfläche liegt, missachtet. Der

Waage geht es um Fairness und darum, für andere zu kämpfen, für das, was gerecht ist, und deshalb wird sie die Rolle eines weisen und gerechten Schiedsrichters übernehmen, wenn die Situation es erfordert.

Waage wird nie herrschsüchtig und ostentativ mit seiner Moral sein, und dieses zarte Zeichen kann Probleme ohne Anstrengung lösen. Waage symbolisiert wir, Beziehungen sind wesentlich für Waage, die Balance in der Beziehung findet, aus diesem Grund Waage muss vorsichtig sein, nicht die Aufmerksamkeit außerhalb der Bedingungen mit ihrem Partner vereinbart zu suchen.

Die Waage möchte, dass alle zufrieden sind, und könnte versucht sein, die Grenzen des Flirtens zu überschreiten.

Die Waage wird vor nichts zurückschrecken, um akzeptiert zu werden, selbst wenn das bedeutet, dass sie ihre derzeitigen Beziehungen aufs Spiel setzt.

Als kardinales Zeichen ist die Waage sehr gut darin, innovative Ideen zu entwickeln, und sie kann in jeder Situation alle Alternativen sehen.

Bei der Abwägung aller Perspektiven fällt es ihm schwer, sich zu entscheiden, denn er muss ständig abwägen.

Dieses Luftzeichen ist von der körperlichen Erscheinung motiviert, Eitelkeit kann eine Schwäche der Waage sein, und sie kann sich zu sehr auf einen Partner konzentrieren, der ihrer ästhetisch gewünschten Form entspricht.

Einen guten Geschmack zu haben ist keine traurige Sache, außerdem ist das Schlüsselwort der Waage Feingefühl, und abrupte oder unterdrückende Verhaltensweisen wie SMS alle 3 Minuten, E-Mails zu jeder Tageszeit oder der Versuch, die Beziehung zu früh abzuschließen, nerven ihn.

Die Waage sucht eine elegante und sich allmählich entwickelnde Beziehung. Sie und ihr Partner sollten Liebe und Vertrauen Schritt für Schritt aufbauen und eine Verbindung herstellen, die auf einem gleichzeitigen Interesse an den schönen Dingen beruht. Wenn Sie eine Romanze mit der Waage beginnen wollen, sollten Sie eine Vernissage oder eine klassische Oper besuchen.

Die Waage liebt es, verliebt zu sein, sie stürzt sich oft, ohne zu zögern in eine Romanze, sie ist sanft und zart, und zwischen Soireen mit schwarzer Krawatte, Ausflügen in Amphitheater und spontanen Kinobesuchen können sich Verabredungen mit der Waage wie eine Affäre oder das Drehbuch eines romantischen Films anfühlen.

Dieses verführerische Luftzeichen versteht es, zu überraschen, aber in diesen übertriebenen Balzmanövern steckt auch eine Menge Vorsatz.

Die Waage hat eine auffallend klare Vorstellung davon, was sie sich wünscht, und es fällt ihr leicht, ihren Partner so zu formen, dass er genau diesen Wünschen entspricht, ohne zu bedenken, dass ihre eigenen Wünsche vielleicht anders sind.

Wenn er eine Beziehung mit der Waage eingeht, wird er wissen, wie man Eleganz zeigt, und der beste Weg, um zu erkennen, ob die Waage wirklich auf die Beziehung konzentriert ist, ist nicht durch elementare romantische Gesten, sondern durch subtile Zeichen der Zuneigung.

Die Waage ist besessen davon, erobert zu werden, und obwohl körperliche Intimität wichtig ist, braucht dieses Sternzeichen beim Sex geistige Vorspiele, die zur Erregung führen.

Manche Sternzeichen werden durch die Fantasie direkter sexueller Begegnungen angeregt, aber die aristokratische Waage hält diese enthusiastischen Begegnungen für zu prosaisch.

Die Waage ist allergisch gegen Konflikte. Zunächst ist dieses friedliche Verhalten perfekt, aber es kann das größte Hindernis für ihre Partner sein, denn um sie nicht zu entzaubern, greifen sie oft zu barmherzigen Lügen und Halbwahrheiten.

Es ist wichtig, daran zu denken, dass die Waage nicht manipulativ sein will, sie will einfach nicht, dass Sie wütend auf sie sind.

Gleichzeitig muss die Waage bedenken, dass wir im Leben keine goldene Modeerscheinung sein können und dass es ein Ding der Unmöglichkeit ist, von allen gemocht zu werden.

In Beziehungen muss man ehrlich sein, und gesunde Konflikte bieten die Möglichkeit, Erfahrungen zu sammeln, zu lernen und, wenn nötig, Grenzen zu setzen.

Kompromisse beruhen auf einem ehrlichen Dialog, und wenn Sie Ihre Meinungsverschiedenheiten zum Ausdruck bringen, verhindern Sie auch, dass die Waage mit der Zeit apathisch und nachtragend wird, dass sie in Bedrängnis gerät und dass es zu einer Trennung kommt.

Dieses Zeichen ist glücklich, wenn sie in einer Beziehung sind, aber es ist kein Wunder, dass sie sich ständig in und aus Beziehungen bewegen. In ihrer bewundernswerten Welt würden Trennungen nicht sein.

Die Waage hält sich immer alle Optionen offen, selbst wenn sie in einer festen Beziehung ist.

Wenn die Waage mit ihrem Partner Schluss macht, tut sie das mit einer charmanten Sprache, denn sie will sich immer die Tür offenhalten, und wenn sie mit ihm Schluss machen will, wird sie das Unmögliche tun, um das zu verhindern.

Die Waage ist übermäßig besorgt über die Meinung, die sie bei anderen hervorruft, und zieht es vor, die Wertschätzung ihres Ex-Partners zu behalten, anstatt ihn für immer zu entfremden.

Die Waage ist der Romantik zugetan, sorgt sich aber um ihren Ruf.

Dieses Zeichen ist sehr flexibel und hat die Fähigkeit, die Gefühle seiner Partner auszudrücken. Aus diesem Grund wird es die Fackeln der Feuerzeichen entfachen, mit den Wasserzeichen Flutwellen bilden, mit den Erdzeichen Gebirgsketten errichten und mit den Luftzeichen wirksame Wirbelstürme aufrechterhalten, denn das Ziel der Waage ist es, ein gleichmütiges, heiteres und harmonisches Leben mit ihrem Partner zu schaffen.

Allgemeines Horoskop für Waage

2024 wird nicht so schwer sein wie 2023, also müssen Sie sich nur auf die Finsternisse konzentrieren.

Die Mondfinsternis in deinem Zeichen am 25. März kann dir ein wichtiges Ende oder einen Erfolg bringen. Du kommst vielleicht zum Ende von etwas Wichtigem, und das wird dir einen großen Einblick in deine Zukunft geben.

Du kannst erfolgreich sein mit dem, woran du schon seit einiger Zeit arbeitest, du kannst an dich und deine Fähigkeiten glauben. Dies ist die einzige Mondfinsternis in Waage in dieser Reihe von Finsternissen, daher wird die Energie stark sein.

Am 2. Oktober findet eine Sonnenfinsternis in der Waage statt, und damit kannst du dich auf einen Neuanfang konzentrieren, Chancen ergreifen und einen völlig neuen Abschnitt in deinem Leben beginnen. Das kann mit der Sonnenfinsternis in der Waage vom 14. Oktober 2023 zusammenhängen, und das ist eine völlig neue Periode in deinem Leben. Konzentrieren Sie sich auf das, was Sie beginnen wollen und was von Ihnen verlangt, mutig zu sein, und gehen Sie es an (natürlich klugerweise). Dies ist die letzte Waage-Finsternis in dieser Reihe von Finsternissen, also der letzte Schuss Energie für Ihr Zeichen, und Sie könnten sich ziemlich bedrängt fühlen.

Im weiteren Verlauf des Jahres werden Sie die Früchte Ihrer Arbeit ernten können. Dieses Jahr wird Ihnen Kontakte bringen, die Ihnen helfen werden, in Ihrem Leben voranzukommen. Du musst lernen, jede

Veränderung oder Gelegenheit anzunehmen, die sich dir bietet.

Ein besseres Verständnis der Menschen und ihrer Meinungen wird dir das ganze Jahr über helfen. Es mag einige dunkle Tage geben, verliere nicht die Hoffnung, folge deinen Träumen und verfolge deine Ziele.
Dies ist ein gutes Jahr, um Ihre Lebenseinstellung zu ändern, denn im Allgemeinen werden alle Bereiche gesegnet sein.

Mit den Planeten zu Ihren Gunsten ist dies ein gutes Jahr, um Ihre Fähigkeiten und Talente nach außen zu tragen, Waage, Sie können jetzt Ihren Wert beweisen, denn Sie werden von allen Seiten Chancen bekommen. Zeigen Sie der Welt Ihre wahre Stärke.
Dies ist eines der besten Jahre in der Liebe. Wenn Sie alleinstehend sind, ist es möglich, dass die Liebe Ihres Lebens Ihnen in dieser Zeit einen Heiratsantrag macht, also machen Sie sich bereit, zu heiraten und das Leben nach Ihren Vorstellungen zu leben. Jetzt ist die Zeit, in der Sie ein ausgezeichnetes Liebesleben genießen werden.

Es ist auch eine Zeit der Erneuerung für alle, die verheiratet sind, denn mit dem Fortschreiten des Jahres beginnen sich Ihre Beziehungen zu entwickeln und aufzublühen.

2024 wird ein Jahr voller romantischer Möglichkeiten sein. Wenn Sie in einer Beziehung sind, können Sie tiefere emotionale Verbindungen und größere Harmonie mit Ihrem Partner erwarten. Wenn Sie alleinstehend sind, könnte dies das Jahr sein, in dem Sie diesen besonderen Menschen finden. Sie werden in diesem Jahr Glück haben; es ist eine ausgezeichnete Zeit, um ein Baby zu planen, falls Sie in letzter Zeit daran gedacht haben.

Bemühen Sie sich in diesem Jahr um ein ausgewogenes Verhältnis zwischen Emotionen und Romantik in Ihren Beziehungen.

Ihr beruflicher Weg wird voller Möglichkeiten sein, denn die Planeten deuten darauf hin, dass Sie neue Stellenangebote, Beförderungen oder spannende Projekte finden könnten. Es ist wichtig, dass Sie offen für Veränderungen bleiben, denn dieses Jahr könnte unerwartete Veränderungen bringen. Behalten Sie Ihre Ziele im Auge, verzweifeln Sie nicht, denn im Laufe des Jahres werden Sie Ihre finanziellen Ziele allmählich erreichen.

Dies ist ein vielversprechendes Jahr für die Waage, was die Finanzen betrifft, und sie ist sich des Überflusses sicher.

Achten Sie auf Ihre körperliche und geistige Gesundheit, denn das Gleichgewicht zu halten ist entscheidend. Integrieren Sie ganzheitliche Praktiken wie Meditation und Yoga, damit Sie geerdet und konzentriert bleiben.

Liebe

Vielleicht fühlen Sie sich von den vielen Aufgaben überfordert, was zu Konflikten mit Ihrem Partner führen kann. Versuchen Sie, eine Pause einzulegen und sich abzulenken.

Es wird Veränderungen in Ihren Beziehungen geben, was Sie wollen und brauchen, was Sie geben und wen Sie anziehen, wird neu strukturiert.
Es kann sein, dass Sie schnell und unerwartet, unter ungewöhnlichen Umständen oder mit unkonventionellen Menschen Verpflichtungen eingehen.
In diesem Jahr werden Sie nach Aufmerksamkeit streben, und das wird zu einem gewissen Drama in Ihrem Liebesleben führen.

Während der Neumonde werden ausgeglichenere Energien in Ihren Liebesbereich eintreten, Sie werden optimistischer sein, weil diese Mondphasen Sie mit einer magischen Energie versorgen, die perfekt ist, um andere Menschen anzuziehen, die gelegentlich nach Liebe suchen, aber nicht verzweifelt darauf aus sind.

Ihre Ausstrahlung ist wettbewerbsorientiert, und Sie haben keine Angst, mit jemandem, von dem Sie wissen, dass er bereits einen Partner hat, Risiken einzugehen. Du solltest bei diesen Dingen vorsichtig sein. Ihre Haltung wird bei einigen Menschen wahrscheinlich zu Enttäuschungen führen.

In Vollmondperioden können Sie Ihre Verpflichtungen gegenüber anderen stärken, wenn Sie eine gesunde Beziehung haben. Sie werden sich auch von anderen distanzieren, wenn Sie keine gute Beziehung zu ihnen haben oder es sich um giftige Menschen handelt.

Nach dem Juli werden Sie anfangen, auszugehen und interessante Menschen kennenzulernen, von denen einer Ihre Aufmerksamkeit auf sich ziehen wird, so dass Sie eine Beziehung eingehen möchten.

Es besteht die Möglichkeit, dass sich Alleinstehende zu Menschen mit einer besonderen Sensibilität wie Musikern oder Dichtern hingezogen fühlen, oder dass sie ihren Seelenverwandten in einem spirituellen Umfeld treffen.

Wirtschaft

Sie werden das ganze Jahr über hart arbeiten müssen, um die Früchte zu ernten. Nach dem 26. Mai wird Jupiter in den Zwillingen einen bedeutenden Einfluss auf Ihren Beruf haben; wenn Sie den Job wechseln wollen, wird das möglich sein. Der neue Job wird

besser sein als der vorherige und wird sich direkt auf
Ihre finanzielle Situation auswirken und diese deutlich
verbessern. Wenn Sie Ihr eigenes Unternehmen haben,
sollten Sie Ihrer Arbeit höchste Priorität einräumen.

Sie müssen sich besser konzentrieren, und es wird
Ihnen sehr helfen, wenn Sie sich mit dem
auseinandersetzen, was Sie tun wollen. Vielleicht
müssen Sie erst etwas über die Arbeit lernen, was sie
Ihnen bedeutet, was Sie brauchen, um Ihre Arbeit
besser zu machen, und was Sie bereit sind zu geben.
Sie werden in der Lage sein, gute Investitionen für
Ihre finanzielle Zukunft zu tätigen und allmählich Ihre
finanziellen Ziele zu erreichen, eines nach dem
anderen. Dies ist ein vielversprechendes Jahr für die
Waage in Bezug auf die Finanzen, und Sie können sich
des Überflusses und des finanziellen Wachstums
sicher sein. Bleiben Sie das ganze Jahr über
konzentriert und diszipliniert.

Dieses Jahr wird ein Jahr sein, in dem Sie finanziell
alles bekommen werden, was Sie sich gewünscht
haben, aber es ist ein Prozess, der nicht kontinuierlich
abläuft, und es wird Dinge geben, um die Sie sich
kümmern müssen.
Es empfiehlt sich, zu Beginn des Jahres den Überblick
über Ihr Geld zu behalten und es richtig zu verwalten,
damit Sie im weiteren Verlauf des Jahres Fortschritte
machen können.

In eurem Geldbereich braucht ihr ein starkes Herz, um den Finsternissen zu widerstehen, haltet den Glauben, denn das Ergebnis ist gut. Du wirst eine Zeit lang ganz oben sein und dann in die Tiefe gehen. Aber in diesem Jahr deuten die Planetenbewegungen auf ein gedeihliches Jahresende hin.
Kurz gesagt, es beginnt eine Zeit großen Wohlstands und es wird Geld auf Sie herabregnen.
Sie können mit Investitionen und Glücksspielen Geld verdienen. Sie könnten auch ein neues Auto kaufen.

Familie

Stress wird es in diesem Jahr in Ihrem Familienleben geben. Streitigkeiten sind unvermeidlich Pluto in diesem Sektor wird massive Veränderungen in Ihrem Haus machen und Sie werden Probleme aus Ihrer Kindheit lösen müssen.

Sie können dieses Jahr nutzen, um Ihr Leben zu Hause zu verbessern und daran zu arbeiten, Ihre Beziehungen zur Familie oder zu denen, die Sie als Familie betrachten, zu verbessern.

Ein solides Fundament ist wichtig für Sie, daher sollten Sie sich auf die Pflege und Unterstützung konzentrieren, Ihr Zuhause zu einem nährenden Ort machen und sich bemühen, Ihre Familie zu verbinden. In Ihrem Zuhause wird sich eine Metamorphose vollziehen. Ihr Zuhause und Ihr Wohlbefinden werden für Sie Priorität haben, denn Sie werden mehr Zeit zu Hause verbringen. Sie werden darüber nachdenken, umzuziehen, aber Sie werden es für 2025 lassen. Sie werden Ihr Haus verschönern und einige Dinge verändern.

Wenn Sie ältere Kinder haben, ziehen diese vielleicht in diesem Jahr von zu Hause aus. Ihre Eltern und Geschwister ziehen vielleicht um. Ihre ganze Familie wird in Bewegung sein.

Waage Gesundheit

Einige Angst- und Stressprobleme können im Laufe des Jahres auftauchen. Denken Sie daran, dass Sie bei gutem körperlichem und geistigem Wohlbefinden im Leben vorankommen und wunderbare Dinge erreichen werden.

Die Gesundheit war letztes Jahr ein stressiger Bereich. Du hattest große Herausforderungen, weil die Planeten dich unter Stress gesetzt haben. Du musst immer noch vorsichtig mit deiner Energie im Allgemeinen sein, besonders mit deinem Energieniveau.
In diesem Jahr brauchen Sie doppelt so viel Energie, und das kann dazu führen, dass Ihre empfindlichsten Organe in Mitleidenschaft gezogen werden.

Übermäßiger Stress und eine sitzende Lebensweise können Risikofaktoren sein. Versuchen Sie, eine organisierte Routine zu haben, die einen optimalen Gesundheitszustand garantiert.

Vermeiden Sie Übergewicht, ruhen Sie sich aus und achten Sie auf eine gute Ernährung. Machen Sie Übungen, mit denen Sie angesammelte Spannungen abbauen können. Es wird empfohlen, neue Techniken wie Meditation oder Yoga auszuprobieren, die Ihrem Körper und Geist guttun.

Skorpion

Der Skorpion hat einen schlechten Ruf. Dieses dunkle Wasserzeichen ist berühmt für seinen geheimnisvollen Charme, seinen unerbittlichen Ehrgeiz und seine charakteristische Unnahbarkeit. Das komplizierteste Zeichen des Tierkreises wird durch den Skorpion repräsentiert, ein verräterisches Tier, das in der Dunkelheit wohnt.

Für den Skorpion ist das Leben ein Schachspiel, das vom Planeten Pluto beherrscht wird, der die Fähigkeit hat, sich zu regenerieren und seine beste und stärkste Version zu werden.

Wachstum ist elementar für den Skorpion, der die Metamorphose als Werkzeug für emotionale und psychische Expansion nutzt. Wie Pluto und die verführerischen Kräfte der okkulten Welt, schwitzt der Skorpion Energie.

Der Skorpion hat keine Probleme, Verehrer zu finden und ist für seine unglaubliche Sinnlichkeit bekannt. Trotz seines lüsternen Rufs schätzt er Ehrlichkeit und Privatsphäre in Beziehungen.

Wegen seiner unglaublichen Heftigkeit und Kraft denken die Menschen, dass der Skorpion ein Feuerzeichen ist, aber er gehört zum Wasserelement, was symbolisiert, dass er seine Kraft aus dem Unterbewusstsein und den Gefühlen bezieht.

Der Skorpion ist intuitiv und sensibel, er kann die Energie eines jeden Hauses wahrnehmen und die Emotionen anderer aufnehmen.

Der Skorpion ist zäh, und wie sein astrologisches Symbol hält, er in der Dunkelheit Wache und wartet auf die perfekte Gelegenheit, um zuzuschlagen, wenn man es am wenigsten erwartet. Dieses berechnende Wasserzeichen plant immer mehrere Schritte im Voraus in einem grandiosen Plan.

Das bedeutet nicht, dass seine Absichten zwangsläufig ruchlos sind, er plant einfach gerne langfristig und konzentriert sich dabei auf seine Ziele und lässt sich nie in die Karten schauen.

Der Skorpion versteht es, seine Intuition einzusetzen, um jede Situation zu manipulieren und Menschen gegeneinander auszuspielen. Der Skorpion muss immer daran denken, dass er Gefahr läuft, sich selbst zu verletzen, wenn er sich von seinem Wunsch nach Manipulation und Macht beherrschen lässt. Dein geheimnisvolles Verhalten kann dazu führen, dass du Beziehungen verlierst.

Dieses Zeichen weiß, wie es sein Bestes geben kann, wenn es seine persönliche Intensität auf seine engsten Freunde anwendet, denn obwohl es zweifelnd *und besitzergreifend ist, ist es auch sehr defensiv gegenüber seinen Lieben und ist bereit, sie zu schützen, ohne darüber nachzudenken.*

Wenn er Vertrauen aufbauen kann und sich sicher fühlt, zeigt der Skorpion Einfühlungsvermögen und Engagement.

Jemand, der elegant ist, macht einen guten Eindruck auf Sie, und als Wasserzeichen sind Ihre Sinne sehr scharfsinnig, so dass es in der Liebe ratsam ist, Sie mit viel Leidenschaft zu verwöhnen.

Dieses intensive Wasserzeichen legt Wert auf seine Privatsphäre, weshalb es ihm nicht leichtfällt, einen Fremden in sein Privatleben zu lassen.

Wenn Sie daran interessiert sind, einen Skorpion zu erobern, ist der Prozess des Werbens sehr umfangreich und wird mit vielen Tests der emotionalen Stärke gefüllt sein.

Jede Bewegung, die dieses Zeichen macht, ist gewollt, du musst also sehr schnell sein, um dem Reim zu folgen.

Wenn Sie, Skorpion, diesen Prozess erfolgreich durchlaufen, wird er bereit sein, eine Verbindung mit Ihnen auf Seelenebene aufzubauen. Im Gegensatz zu anderen Zeichen, wenn Skorpion in einer Beziehung ist, bedeutet es nicht, dass er sich sicher fühlt, seine

Intensität ist immerwährend, da sein Kardinalziel ist, auf seinen Partner für das Leben zu halten.

Kein Tierkreiszeichen hat mehr mit Sex zu tun als der Skorpion, doch trotz seiner Neigung ist der körperliche Akt der Intimität für den Skorpion weniger wichtig als die Verbindung.

Für den Skorpion ist es äußerst schwierig, seinen Appetit zu stillen, weshalb er sich zu dunklen und geheimnisvollen Erfahrungen hingezogen fühlt.

Es ist sehr leicht, von ihren Beziehungen abhängig zu werden, und dies kann die Form des Wahnsinns annehmen, wo Skorpion absichtlich Probleme schafft, um ihren Partner zu bewerten, ein giftiges Verhalten, das nachteilig ist. Skorpion sollte daran denken, dass in ernsthaften Beziehungen, die Menschen haben ein Recht auf emotionale Unabhängigkeit und Intimität.

Das Wichtigste in einer Beziehung mit einem Skorpion ist es, klar zu sein, ihn nach seinen Gefühlen zu fragen und sich nicht zu scheuen, verstecktes Verhalten zu hinterfragen.

Der Skorpion schätzt es, wenn er zur Verantwortung gezogen wird, und je mehr Sie sich mit ihm durch direkte Kommunikation auseinandersetzen, desto sicherer wird die Beziehung sein.

Leider sind Enttäuschungen im Leben unvermeidlich, und obwohl Skorpione für ihre Fähigkeit bekannt sind, aus der Asche aufzustehen, bedeutet dies nicht, dass ihnen Trennungen leichtfallen.

Es spielt keine Rolle, ob er derjenige ist, der die Trennung einleitet, dieses durchdringende Zeichen fühlt sich immer hilflos, wenn es passiert.

Manchmal setzt das Ende einer Beziehung im Skorpion sein Verlangen nach Kontrolle frei, was ihn manchmal dazu bringt, sich zu ärgern und sich mit seinen Ex-Partnern einzulassen, daher ist es besser, dies im Keim zu ersticken.

Angetrieben von seinen Leidenschaften ist der Skorpion ein entschlossener Partner, und während sich einige Zeichen der Hartnäckigkeit des Skorpions widersetzen, werden andere Zeichen von seiner Energie inspiriert.

Allgemeines Horoskop von Skorpion

Dies wird ein aufregendes und intensives Jahr werden, also sehen Sie ihm mit einer fröhlichen Einstellung entgegen. Seien Sie auf einige ernsthafte

Turbulenzen vorbereitet. Es ist wichtig, einen offenen Geist zu bewahren, denn es wird Chancen, aber auch unerwartete Herausforderungen geben. Wenn Sie sich eine flexible Haltung bewahren, können Sie das Beste aus diesen Umständen machen und sie in positive Erfolge umwandeln.

Obwohl es im Laufe des Jahres Hindernisse geben kann, sollten Sie als Skorpion nicht den Glauben verlieren. Erwarten Sie das Unerwartete und bereiten Sie sich auf das Schlimmste vor.

Halten Sie sich von allen Arten von Versuchungen fern und analysieren Sie die Vor- und Nachteile, bevor Sie wichtige Lebensentscheidungen treffen.

Seien Sie ehrlich, verlieren Sie nicht Ihre Würde und verlieren Sie nicht die Hoffnung, wenn Sie herausgefordert werden. Dies ist ein Jahr der bedeutsamen Veränderungen, überdenke regelmäßig deine Position im Leben. Arbeiten Sie weiter, und schwimmen Sie gegen den Strom.

Während der Vollmondphasen können Sie die Ergebnisse der Projekte sehen, an denen Sie gearbeitet haben. Sie müssen sich selbst, Ihre Wünsche und Bedürfnisse in den Vordergrund stellen.

Während Neumondperioden werden Ihre Energie und Ihr Enthusiasmus hoch sein. Du solltest die

Initiative ergreifen und Gelegenheiten für Neuanfänge suchen.

In diesem Jahr werden Sie eine allgemeine Veränderung in Ihrem Leben, in Ihrer Herangehensweise und in Ihrem Ausblick spüren. Es ist eine subtile Veränderung, die vielleicht nicht sofort offensichtlich erscheint. Sie werden die Entschlossenheit haben, Ihre Ziele trotz dieser Herausforderungen zu erreichen.

Wenn Sie daran denken, eine Beziehung einzugehen, zu heiraten oder Kinder zu bekommen, wäre dies das richtige Jahr. Sie werden von Ihrer Familie Unterstützung und Liebe erhalten.

Versuchen Sie immer, in allem, was Ihnen in diesem Jahr begegnet, das Positive zu sehen; Ihre Bemühungen werden sich in den letzten drei Monaten des Jahres auszahlen. Warten Sie nicht darauf, dass die Dinge vom Himmel fallen, gehen Sie ihnen nach.

Sie werden jedoch über viel geistige Energie verfügen und Ihre Pläne in die Tat umsetzen. Aus diesem Grund sollten Sie Ihre Ideen und Ihren Geist pflegen und bei Ihren Plänen einfallsreicher sein.

Während der Finsternis Perioden können Sie sich auf Ihr Unterbewusstsein einstimmen und Ihre Probleme verstehen. Dies kann eine wichtige Zeit sein, um

*loszulassen und etwas oder jemanden loszuwerden,
der dich seit einiger Zeit belastet hat.*

*Ihre Familienmitglieder werden Sie unterstützen, Sie
werden sich sicher und geborgen fühlen, und Ihre
echten Freundschaften werden stark bleiben.
Diejenigen, die Sie wirklich lieben, werden mit Ihnen
durch dick und dünn gehen. In der Mitte des Jahres
müssen Sie auf den Verrat einer Freundschaft achten.
Sie werden vor dem Dilemma stehen, ob Sie diese
Person zur Rede stellen oder die Dinge auf sich
beruhen lassen sollen.*

*Sie werden in diesem Jahr in Form sein, Ihre Energie
wird stark sein, aber passen Sie auf, dass Sie sich
nicht überanstrengen. Machen Sie Pausen, wenn es
nötig ist, Sie müssen Erschöpfung vermeiden.*

Liebe

*Neue Menschen werden in Ihr Leben treten. Du kannst
Kompromisse eingehen und dich von denen trennen,
zu denen du keine gute Beziehung hast.*

*Es ist an der Zeit, dass du die Liebe ernst nimmst und
daran arbeitest, vergangene Liebestraumata zu
beseitigen. Diese können aus jüngeren Jahren oder
aus früheren Leben stammen. Diese Reinigung wird
dir helfen, die emotionalen Bindungen zu stärken, die
du mit anderen hast.*

Das Jahr ist günstig für Eheschließungen und die Geburt von Kindern, die Freude und Glück in Ihr Heim bringen werden, nutzen Sie dies, um Ihre Familienbande zu verbessern.

Skorpione in einer Beziehung werden eine sehr entscheidende Zeit erleben. Achten Sie darauf, dass Sie Ihrem Partner gegenüber loyal und ehrlich sind und Ihre Gefühle teilen. Einige Skorpione werden erleben, wie sich eine Freundschaft in eine Liebesbeziehung verwandelt.

Wenn Sie alleinstehend sind, haben Sie die Chance, die Liebe zu finden, oder dass er/sie Sie findet. Hetzen Sie nicht, nehmen Sie sich Zeit, analysieren Sie die Person und hören Sie auf Ihr Herz.

Am Ende des Jahres kann es für die Verlobten zu Missverständnissen und Täuschungen kommen und sie können im Namen der Liebe betrogen werden.

Das Leben hat Sie in vielerlei Hinsicht geprüft und Sie vor schwierige Situationen gestellt, aber Sie haben sich ihnen gestellt und ihnen mit Präzision getrotzt, also müssen Sie geduldig sein. All diese Erfahrungen haben dich zu dem gemacht, was du bist. Du bist stark und mutig geworden, und nichts stellt dich in Frage. Trotzdem hast du immer noch Angst, deine Gefühle auszudrücken. Dieses Jahr wird dir viele Lektionen erteilen, die du ignoriert hast, weil du so getan hast, als wärst du jemand, der keine Gefühle hat. Deine Gefühle auszudrücken ist wichtig.

Zusammenfassend lässt sich sagen, dass Sie, wenn es um Herzensangelegenheiten geht, ein Jahr mit tiefen emotionalen Verbindungen und transformativen Beziehungen erleben werden. Egal, ob Sie alleinstehend sind oder sich in einer festen Beziehung befinden, die Planeten ermutigen Sie dazu, Ihre Verletzlichkeit anzunehmen und Ihr Herz für die Liebe zu öffnen. Vertrauen Sie immer auf Ihre Intuition.

Es ist wichtig, dass Sie in diesem Jahr ein Gleichgewicht zwischen Ihrem Arbeits- und Privatleben wahren. Gut durchdachte Pläne werden zu positiven Veränderungen führen. Sie werden Stabilität und Komfort in Ihrem persönlichen und beruflichen Leben finden; Sie werden eine reife Perspektive entwickeln.

Wirtschaft

Sie beginnen das neue Jahr, indem Sie sich intensiv mit Geld, Ihrer finanziellen Situation und den Ressourcen, die Sie besitzen, beschäftigen.

Während der rückläufigen Phase des Merkurs werden Sie Herausforderungen meistern und versuchen, Blockaden zu lösen.

Sie werden finanzielle Gewinne erzielen, aber vielleicht sind Sie mit diesen Gewinnen nicht zufrieden. Der Jahresbeginn ist nicht der richtige Zeitpunkt, um große Investitionen zu tätigen oder Risiken einzugehen.

Es ist ratsam, bei Ihren Investitionen und Transaktionen wachsam zu sein, denn ein falscher Schritt kann sich auf Ihre Investitionen auswirken und Sie auch emotional beeinträchtigen; seien Sie in diesem Jahr umsichtig mit Ihren Finanzen.

Sie werden neue Einkommensquellen erschließen, und wenn Sie in Streitigkeiten verwickelt sind, wird das Geld diesen ein Ende setzen. In der zweiten Jahreshälfte könnten Sie unerwartete Ausgaben für Reisen, Gesundheit und die Reparatur von Geräten oder Ihres Autos haben.

Arbeit ist Ihnen wichtig, und Sie glauben daran, dass man hart arbeiten muss, anstatt sich den Weg zu vereinfachen. In diesem Jahr werden Ihre Hingabe und Ihre Willenskraft Sie zum Erfolg führen. Ihre Leidenschaft für Ihre Arbeit wird von Ihren Kollegen bewundert werden, und Ihre Bemühungen werden Ihnen als Vorbild dienen.

Familie

In Ihrem Heim- und Familienleben wird es einige Probleme geben, aber für alle gibt es Lösungen.

Sie könnten Konflikte mit Ihren Familienmitgliedern haben. Die Gesundheit eines nahen Verwandten könnte beeinträchtigt sein, und das könnte der Grund für die unglückliche Atmosphäre in Ihrem Haus sein.

Es kann sein, dass Sie an einem völlig anderen Ort leben, mit neuen Menschen, oder dass Sie nach Möglichkeiten suchen, Ihr Zuhause oder die Menschen, die Sie als Familie betrachten, zu verändern.

Zwischen Februar und März ist die beste Zeit für einen Umzug oder eine Renovierung der Wohnung.

Sie sollten sich bemühen, die Beziehungen zu denen, die Sie als Familie betrachten, zu pflegen, um sie sicherer zu machen.

Skorpion Gesundheit

Es ist wichtig, sich um Ihre Gesundheit zu kümmern. Sie haben sich ungesunde Gewohnheiten angewöhnt, z. B. übermäßigen Alkoholkonsum und das Auslassen des Frühstücks zugunsten eines späten Mittagessens. Diese Gewohnheiten können sich negativ auf Ihr Wohlbefinden auswirken. Es ist wichtig, sie zu ändern und einen gesunden Lebensstil anzunehmen.

*Auch wenn Sie Ihre Vorliebe für alkoholische
Getränke nicht ganz aufgeben können, versuchen Sie,
deren Konsum und Häufigkeit zu reduzieren.*

*Meinungsverschiedenheiten mit Ihren Arbeitskollegen,
vor allem in der Mitte des Jahres, können Ihnen Stress
bereiten. Die Unfähigkeit, Ihre Gefühle auszudrücken,
kann Ihre Ängste verstärken.*

*Stress und Angst können Probleme mit dem Blutdruck
und der Verdauung auslösen.*

*Achten Sie auf einen ausgewogenen Umgang mit
Bewegung, denn Überanstrengung kann Stress
verursachen. Achten Sie auf Aktivitäten, die gut für
Herz und Seele sind. Lachen und Freude sollten Sie
begleiten, um Ihr Wohlbefinden zu erhalten.*

Schütze

Der Schütze ist ein Zeichen, das unermüdlich Wissen sammelt. Auf seiner Suche nach Aufregung kann man ihn auf seinen Reisen über die Meere fahren und in alle Verstecke des Universums eintauchen.

Wenn es um die Liebe geht, ist für dieses aktive Feuerzeichen jeder Tag und jede Stunde ein Abenteuer. Jupiter, der Planet des Überflusses, ist der Herrscher des Schützen. Das Glück folgt diesem Zeichen auf Schritt und Tritt, und als astrologischer Zentaur sehnt sich der Schütze nach geistiger, philosophischer und spiritueller Entwicklung und natürlich nach jeder Menge Spaß.

Der Schütze kann alles, selbst die irdischste Tätigkeit, in ein faszinierendes Kunststück verwandeln.

Jeder hat eine Geschichte, und da der Schütze ein hervorragender Redner ist, können Sie diese Erinnerungen mit Freunden, Familie und Außenstehenden gleichermaßen auf eine Art und Weise teilen, die überall inspiriert und erleuchtet. Außerdem entlocken Sie Ihren Zuhörern ein ansteckendes Lachen.

Da dieses Feuerzeichen attraktiv ist, ist es immer von eifrigen Zuschauern umgeben, mit anderen Worten, dieses Zeichen ist das berühmte Kind des Tierkreises. Als veränderliches Zeichen ist der Schütze auch anpassungsfähig, denn er hat einen tief verwurzelten Wunsch nach wiederholten Veränderungen.

Der Schütze liebt es, sich neue Ethiken, Ideologien und Logiken anzueignen, die Perspektive zu wechseln und vor allem die Welt zu bereisen.

Der Sternzeichen-Wanderer ist ein Wanderer und kann kapriziös werden, wenn er oder sie zu lange an einem Ort verweilt, daher ist es wichtig, dass dieses Sternzeichen die Freiheit hat, auf Entdeckungsreise zu gehen.

Nicht jeder kann mit den ständig wechselnden Anliegen des Schützen mithalten. Wenn es also um Leidenschaft geht, ist dieses Feuerzeichen dafür bekannt, dass es die Herzen gewinnt.

Der Schütze ist auch der Clown des Tierkreises, der immer eine Geschichte oder einen Witz erzählt, so dass jedes Gespräch voller Witz und beträchtlicher Aufrichtigkeit ist.

Obwohl sie keinen Gegner haben, müssen die Schützen mit ihrer scharfen Zunge und ihren satirischen Bemerkungen vorsichtig sein. Gelegentlich geht ihre Energie zu weit und wirkt anmaßend oder sogar verächtlich.

Die veränderliche Eigenschaft des Schützen macht ihn ein bisschen schwierig, wenn es um

Entscheidungen geht, wie z.B. eine Verpflichtung in einer Beziehung einzugehen. Da er so viele Möglichkeiten hat, fällt es ihm schwer, sich für die richtige Beziehung zu entscheiden, da er sich gerne alle Optionen offenhält.

Um zu vermeiden, das Gefühl, überschattet, müssen Sie ehrlich mit diesem Zeichen, sprechen Sie mit ihm, fest sein, und alles wird gut, denn wenn es etwas, dass Schütze schätzt, ist Aufrichtigkeit.

Mit seiner unveränderlichen Abenteuerlust ist eine Beziehung mit einem Schützen wie ein Flug in einem Ballon oder ein Fallschirmsprung bei schlechtem Wetter, denn er lebt gerne am Rande, wo die Chance, etwas Neues zu entdecken, größer ist.

Wenn es um Beziehungen geht, werden die Dinge für den Schützen brenzlig, denn er könnte ermutigt werden, risikoreiche Beziehungen einzugehen.

Es ist nicht leicht, die Aufmerksamkeit des Schützen auf sich zu ziehen, denn der Zentaur bleibt nicht lange genug an einem Ort, um die Motivation aufrechtzuerhalten. Wenn Sie also versuchen, einen Schützen für sich zu gewinnen, müssen Sie dieses dynamische Zeichen auf Trab halten; scheuen Sie sich nicht, die energischeren Aspekte Ihrer Persönlichkeit zu zeigen.

Der Schütze mag es, wenn du für dich selbst einstehst, also achte darauf, dass dein Kommunikationsstil angenehm ist. Der lebhafte und freigeistige Zentaur neigt dazu, einen sorglosen Aspekt zu haben, wenn es um Sexualität geht, und seine körperlichen Beziehungen können von zufälligen bis zu festen Beziehungen reichen, und da er ein natürlicher Archäologe ist, ist Sex immer ein Ereignis für dieses feurige Zeichen.

Der Schütze sieht Intimität als eine Gelegenheit zur Selbstentdeckung und intellektuellen Erholung, und wenn es um Sex geht, neigt er dazu, einen ernsthaften Nervenkitzel zu suchen.

Wenn Schütze beschließt, die Dinge nicht ändern, müssen Sie versuchen, einen abenteuerlichen Lebensstil 24/7 zu halten.

In einer ernsthaften Beziehung geht es darum, Schwächen zu teilen, eine Methode der Unterstützung zu schaffen und gemeinsam die Realitäten anzugehen, aber wenn Ihr Terminkalender dem vom Schützen vorgeschlagenen Zeitplan nicht standhalten kann, versuchen Sie, jeden Tag zu einem Ereignis zu machen.

Ziehen Sie in Erwägung, mit Ihrem Zentaur-Partner alternative Wellness-Praktiken zu erforschen; er wird es lieben, seine spirituellen Grenzen mit Ihnen an seiner Seite zu erweitern. Wenn es um Abenteuer geht, ist der Schütze einfach auf der Suche nach einem lustigen Begleiter, er möchte mit jemandem zusammen sein, der ihn herausfordert, seine Horizonte zu erweitern.

Vergessen Sie aber nie, dass der Schütze auch in einer Beziehung Grenzen hasst. Wenn Sie sich also in einer Beziehung mit diesem Sternzeichen wiederfinden, sollten Sie Ihre Eintrittskarte bereithalten.

Sie werden nicht wissen, was auf Sie zukommt, aber es wird sicher eine unerbittliche Fahrt werden.

Grenzen sind nichts Trauriges; sie bilden vielmehr einen soliden Rahmen für die Beziehung.

Wenn Sie eine Beziehung mit einem Schützen eingehen, sollten Sie versuchen, von Anfang an Dinge zu schaffen, die die Regeln für eine Beziehung klären.

Wenn Sie möchten, dass Ihr Schütze Ihnen jede Nacht Nachrichten schickt, sollten Sie ihm das von Anfang an sagen, denn es wird für den Schützen leichter sein, die Beziehung zu verstehen, wenn die Regeln klar sind.

Schütze ist immer auf der Suche nach neuem Nervenkitzel, seine Freiheit muss respektiert werden, um eine langfristige Beziehung gesund zu erhalten, lassen Sie ihn wissen, dass Sie gerne an seinen Beschäftigungen teilnehmen, aber erlauben Sie ihm, *die Entscheidung selbst zu treffen und vermeiden Sie es, ihm ein schlechtes Gewissen zu machen, wenn er sich entscheidet, es auf eigene Faust zu tun.*

Der Schütze ist sehr aufrichtig, wenn er also eine Trennung einleitet, sind die Bedingungen einfach: Wenn er sagt, es ist vorbei, dann ist es vorbei, mit ihm gibt es kein Zurück mehr.

Als Bohemien fällt es ihm leicht, seine Sachen zu packen und zu gehen, wenn es nicht funktioniert. Tatsächlich kann der Schütze oft so weitermachen, als hätte eine Beziehung nie existiert.

Allgemeines Horoskop für Schütze

Dies wird ein vielversprechendes Jahr für Schütze. Ihr persönliches und berufliches Leben wird gut sein, obwohl sie ihren Anteil an Herausforderungen und Verantwortlichkeiten haben werden.

Sie werden einige wichtige Entscheidungen treffen müssen, deshalb sollten Sie sich auf den Rat Ihrer Freunde und Angehörigen verlassen.

Dies ist eine Zeit, die Sie aus Ihrer Routine herausholt und Sie ermutigt, Ihre Lebensziele zu verfolgen. Dies wird ein Jahr sein, das Ihnen ein Gefühl der Erfüllung geben wird.

Dies ist ein Glücksjahr für Schütze, aber harte Arbeit und Engagement sind der Schlüssel zum Erfolg. Sei nicht kurzsichtig, sondern lerne, das große Ganze zu sehen. Alle Ihre Schritte sollten mit Bedacht gemacht werden.

Ab dem 25. Mai wechselt Jupiter, dein Herrscher, in den Zwilling. Dies wird dir helfen, deiner Bestimmung näher zu kommen.

Während der rückläufigen Phase des Merkurs wollen Sie wahrscheinlich einen Neuanfang planen und sich auf zweite Chancen konzentrieren.

Während der Neumond-Perioden können sich Ihnen einmalige Gelegenheiten bieten, deshalb müssen Sie Ihre Entscheidungen sehr klug treffen und Vertrauen in sich selbst haben.

Während der Vollmondphasen sind Ihre Emotionen auf dem Höhepunkt, Sie sollten Ihren Wünschen und Bedürfnissen mehr Aufmerksamkeit schenken.

Die Gesundheit der Schützen wird in diesem Jahr durchschnittlich sein. Sie sollten wachsam sein und sich um Ihr allgemeines Wohlbefinden sorgen. Sie werden Phasen mit viel Stress und Angst haben, die Ihre Gesundheit beeinträchtigen. Ungesunde Gewohnheiten könnten Ihre Herzgesundheit beeinträchtigen.

Seien Sie vorsichtig mit Abhängigkeiten. Ruhen Sie sich ausreichend aus und essen Sie lieber selbst gekochte Mahlzeiten als Fast Food.

Das Jahr ist günstig für Ihr Familienleben, Sie werden Wohlstand und Glück in Ihrem Haus haben. Allerdings kann die Gesundheit Ihrer Kinder Sie zur Sorge veranlassen.

Diejenigen, die sich ein Baby wünschen, werden in den letzten Monaten des Jahres 2024 schwanger werden können.

Die Liebe wird aufblühen, aber Sie müssen versuchen, alle Differenzen, die in Ihrer Beziehung bestehen, zu lösen.

.

Liebe

In diesem Jahr werden Sie besonders auf Ihre Liebesbeziehungen achten, da sich bestehende Probleme verschlimmern könnten. Sie müssen daran arbeiten, Blockaden in der Liebe zu beseitigen.

Während der Finsternis Perioden können Sie sich mit alten Lieben wieder verbinden.

Finsternisse können dich daran erinnern, fröhlich zu sein, Spaß zu haben und die Liebe in dein Leben zu lassen, wenn du Single bist.

Die Vollmondphasen bringen Sie näher an diejenigen heran, zu denen Sie eine starke Bindung haben und mit denen Sie sich geistig verbunden fühlen, aber Sie werden sich von giftigen Menschen fernhalten.

Jupiter wird nach dem 25. Mai und für den Rest des Jahres 2024 Energie in Ihre Beziehungen bringen. Du wirst die Gelegenheit haben, viele wichtige Menschen zu treffen, und aus diesen neuen Verbindungen kann eine Liebe entstehen.

Wenn Sie in einer Beziehung sind, können Sie sich entscheiden, sich zu binden.

In Neumondperioden sind Sie offen für Verpflichtungen und für emotionale und körperliche Bindungen mit anderen.

Sentimentalität, Sinnlichkeit, Leidenschaft und jede Menge Spaß warten auf Sie.

Wirtschaft

Uranus bringt weiterhin Veränderungen in Ihr Arbeitsleben, aber Jupiter gibt Ihnen die Möglichkeit, die von Ihnen gewünschten Veränderungen vorzunehmen.

Sie werden neue Möglichkeiten für Projekte oder eine völlig neue Aufgabe haben, die Sie begeistern wird.

*Behalten Sie die Neumondphasen im Auge, denn
während dieser Zeit ergeben sich für Sie neue
Möglichkeiten, erfolgreich zu sein.*

*Sie werden produktiver, effizienter und organisierter
sein, und alle Projekte, an denen Sie beteiligt sind,
werden ab August viele Früchte tragen, d.h. eine
Menge Geld einbringen.*

*In Vollmondperioden fühlen Sie sich emotional mit
Ihrer Arbeit oder Ihrem Beruf verbunden. Während
dieser Perioden nähern Sie sich dem Ende einer für
Sie finanziell wichtigen Phase.*

*Sie müssen einen Finanzplan haben und klug
investieren. Lassen Sie sich nicht von gewöhnlichen
Anlagemöglichkeiten mitreißen, denn Sie können Ihr
Kapital verlieren.*

*Jupiter und Saturn begünstigen Ihre langfristigen
Investitionspläne. Im Allgemeinen ist dies ein Jahr, in
dem Sie keine Finanzkrise spüren werden.*

Familie

*Vielleicht gibt es einige nebulöse Themen in Ihrem
Haus, aber diese Ereignisse werden Ihre emotionale
Intuition stärken.*

*Einige alte Probleme im Zusammenhang mit Ihrem
Zuhause und Ihrer Familie müssen beseitigt werden.*

Dies können mehrere Perioden der Unsicherheit, der Instabilität oder des Mangels an familiärer Bindung bedeuten.

Sie könnten an einen anderen Ort umziehen, eine Immobilie kaufen, die Familie vergrößern oder große familiäre Aufgaben übernehmen. Neumondperioden sind diejenigen, die diese Gelegenheiten bringen können.

Seien Sie während einer Mondfinsternis besonders vorsichtig, denn diese starke Energie kann familiäre Probleme noch verstärken. Das Klügste wäre, zu versuchen, die Dinge vor der Finsternis zu verbessern.

Schütze Gesundheit

Da Sie ein so aktives Zeichen sind, laufen Sie Gefahr, nicht zu bemerken, wie sich chronische Müdigkeit und Stress ansammeln. Es ist ratsam, dass Sie sich Zeit für die Entspannung nehmen. Massagen, Gespräche mit Freunden und Spaziergänge am Strand verbessern Ihre Stimmung und Ihren Appetit.

Es wird empfohlen, sich gesund zu ernähren und ausreichend vitaminreiche Lebensmittel zu sich zu nehmen. Bei einem Mangel an bestimmten Vitaminen können Sie Hautprobleme bekommen.

Sie sollten nervliche Anspannungen vermeiden und nicht so viele Aufgaben auf einmal übernehmen. Ein

Urlaub am Meer wäre nicht nur aufregend, sondern würde sich auch positiv auf Ihr körperliches und geistiges Wohlbefinden auswirken.

Einige Schützen werden mehrere Zahnarzttermine wahrnehmen müssen, und andere werden sich traurig von ihren Lieblingsspeisen verabschieden. Sie müssen eine Diät machen.

Jede Anstrengung wird nicht umsonst sein. Mäßigung und die Konzentration auf Ihre Gesundheit werden zu Quellen des Optimismus.

Steinbock

Steinbock ist ein Zeichen, das durch die Meeresziege, ein Tier, das halb Ziege ist, und den Schwanz eines Fisches dargestellt wird.

Dieses geheimnisvolle Exemplar kann sowohl an Land als auch im Wasser leben und steht für die Fähigkeit des Steinbocks, seine Logik mit seiner Intuition in Einklang zu bringen.

Das ehrgeizigste Tierkreiszeichen weiß, wie man diese Fähigkeiten in die Praxis umsetzt.

Der Steinbock wird von Saturn regiert, dem Planeten, der das Wetter und die Einschränkungen bestimmt. Saturn hat in der Astrologie die Aufgabe, schwierige Lektionen zu erteilen, und dem Steinbock sind diese Leiden nicht fremd.

Der Steinbock verbringt in der Regel viel Arbeit in seiner Kindheit und Jugend, verjüngt sich dann aber, wird optimistisch und fröhlich, wenn er reifer wird.

Seine Charakterstärke ist immer dabei, und der Steinbock nutzt diese innere Stärke, um Hindernisse zu überwinden und seine langfristigen Ziele zu erreichen. Kurz gesagt, dieses Sternzeichen wird niemals zulassen, dass irgendetwas oder irgendjemand seinem Erfolg im Wege steht.

Als kardinales Zeichen ist der Steinbock hervorragend in der Lage, Projekte auf den Weg zu bringen und Führungspositionen zu übernehmen, und seine fröhliche Einstellung führt ihn in jedem Beruf zum Erfolg.

Der Steinbock liebt es, mit seinen engsten Freunden zu teilen, und dieses Erdzeichen schätzt die Zeit mit seinem Partner.

Der Steinbock liebt es, sich mit Gleichgesinnten zusammenzutun, und in jedem ernsthaften Steinbock steckt ein sehr schelmischer Charakter.

Da es ihm an Selbstvertrauen mangelt, wirkt er zunächst etwas traditionell und konservativ, aber diejenigen, die dem Steinbock am nächsten stehen, wissen, dass er sich in eine echte Nachteule verwandeln und pausenlos feiern kann.

Der Ehrgeiz des Steinbocks spornt die Apathie an, doch wegen seiner unerschütterlichen Zielstrebigkeit hat er auch den Ruf, kalt und gefühllos zu sein. Aus Gewohnheit denkt er normalerweise immer an das große Ganze und hat keine Zeit oder Energie, seine Freunde zu beraten.

Auch wenn nicht alle Steinböcke gleich sind, sollten Steinböcke bedenken, dass nicht alle Erfolge im Leben in einem Lebenslauf stehen können und dass Einfühlungsvermögen wichtiger ist als jeder Karriereweg.

 Mitgefühl und Ehrgeiz schließen sich nicht gegenseitig aus, und wenn er diese Aspekte seines Lebens vereinen kann, wird er viel zufriedener sein.

Der Steinbock hat immer einen hohen Status, deshalb fühlt er sich zu Partnern hingezogen, die ehrgeizig sind. Die Menschen, zu denen er sich hingezogen fühlt, sind diejenigen, die berufliche oder kreative Talente haben, oder sogar Humor.

Wenn du mit einem Steinbock eine Beziehung eingehst, solltest du deine besten Eigenschaften hervorheben und deine Fähigkeiten betonen. Der Steinbock wird an dir interessiert sein.

Der Steinbock will in seinen romantischen Beziehungen ein solides Fundament schaffen, daher verschwendet er keine Zeit mit belanglosen Beziehungen, er geht nicht von Ast zu Ast, und wenn er Interesse zeigt, bedeutet das, dass er Sie wirklich mag. Am Anfang kann seine Art, sich zu verlieben, recht traditionell sein, er will sein Geld nicht um des Geldes willen ausgeben, solange keine Sicherheit besteht. Wenn Gefühle entstehen, wird der Steinbock beginnen, sich zu offenbaren, und er wird weniger sparsam sein.

Der Steinbock-Liebhaber geht die Sexualität mit Nachdruck und Hingabe an, die Dinge sind schwarz und weiß, wenn es um Sex geht.

Für dieses Zeichen ist es entweder ein Ausdruck von Romantik oder eine zwanglose Nacht. Wenn es keine emotionale Bindung gibt, kann Sex mit Steinböcken steril sein, ein Geschäft mit einem Fremden. Aber wenn er sich mit jemandem austoben will, zu dem er eine emotionale Bindung hat, zeigt er seine innere Monstrosität.

Steinbock, wenn es um Sex geht, ist wettbewerbsfähig, aus diesem Grund wird er Sie bitten, ihm zu sagen, alle Ihre Sexualleben, schämen Sie sich nicht, denn was er will, ist zu konkurrieren oder zu verbessern, dass

Um eine Beziehung mit dem Steinbock aufrechtzuerhalten, muss man sich einfach daran erinnern, dass die Liebe für den Steinbock wie ein Geschäft ist, und obwohl er nicht wie andere für die Ovationen arbeitet, verlangt er doch Ehrerbietung, besonders von seinem Partner.

Sobald eine Beziehung über die Anfangsphase hinausgeht, beginnt der Steinbock, die Verbindung zu vertiefen. Der Steinbock braucht jemanden, auf den er sich verlassen kann und der auch die Rolle des Beraters übernimmt.

Für dieses Zeichen ist die Arbeit überlebenswichtig und ein produktives Ventil für die inneren, unbewussten Kämpfe.

Der Steinbock ist immer dankbar für die Gelegenheit, seinem Partner seine Schwächen zu offenbaren und so nicht nur einen Liebhaber, sondern auch einen Freund zu gewinnen.

Steinböcke sind für ihr Durchhaltevermögen bekannt, und in einer Beziehung würden sie von ihrem Partner die gleiche oder sogar eine höhere Zugkraft erwarten.

Dieser Wunsch ist nicht nur ein starker Partner zu sein, sondern eine Lebensqualität aufzubauen und zu erhalten, die der Steinbock schützen kann. Nichts ist für einen Steinbock sexueller als anspruchsvolle Arbeit. Der Steinbock verabscheut faule Menschen, und wenn du so bist, bist du überhaupt nicht sein Typ.

Wenn der Steinbock seinen Partner zu sehr unter Druck setzt, kann auf beiden Seiten Unmut entstehen. Um dies zu vermeiden, sollten sie bedenken, dass jeder Mensch sich in seinem eigenen Tempo bewegt und, was am wichtigsten ist, seine eigene Definition von Erfolg hat.

Wenn der Steinbock zufällig anfängt, Sie wie einen Assistenten zu behandeln, kann die Beziehung am

Ende sein, und obwohl er kein Lügner ist, wird er, wenn er sich entscheidet, sich zu entfernen, dies wie eine Marktforschung analysieren, d.h. er wird seine besten Möglichkeiten erkunden, um zu entscheiden, welche Art von Beziehung die vorteilhafteste ist.

Letzten Endes ist für diesen astrologischen Manager alles eine Verhandlung, selbst die emotionalsten Situationen können mit einem guten Angebot abgefedert werden. Nicht falsch verstehen, wenn Steinböcke glauben, dass eine Beziehung ihren Erwartungen entspricht, werden sie bis zum Ende dafür kämpfen.

Stellt sie jedoch fest, dass die Berechnungen nicht mehr die erwarteten Zahlen liefern, wird sie sich darauf vorbereiten, den Markt zu schließen.

Er ist aufrichtig und liebevoller, als es sein Ansehen vermuten lässt, aber er versucht nie, jemanden zum Bleiben zu überreden, wenn er nicht an einer Fortsetzung interessiert ist. Wenn Sie das Glück haben, sich einen Steinbock zu sichern, ist Ihnen ein stabiler, loyaler Partner garantiert.

Allgemeines Horoskop von Capricorn

Pluto ist fast fertig mit dir, denn 2024 ist das letzte Jahr, in dem er in deinem Zeichen ist. Pluto ist seit fast zehn Jahren in deinem Zeichen, und während dieser Zeit hast du die Kontrolle über dein Leben übernommen.

In diesem Jahr werden Sie sich weiterhin in Selbstbeherrschung üben, Sie werden viel Energie haben, um neue Projekte in Angriff zu nehmen, und viele Gelegenheiten werden sich Ihnen bieten.

Dies ist ein gutes Jahr, um Ihr Selbstvertrauen zu stärken.

In Zeiten des rückläufigen Merkurs werden Sie sich unsicher fühlen und denken, dass Ihnen die nötigen Ressourcen fehlen. Dies können viele Unsicherheiten für Sie schaffen.

In Zeiten des Vollmonds in deinem Zeichen werden diese Unsicherheiten und alten Probleme dein Selbstvertrauen und deine Fähigkeit, kreativ zu sein, untergraben. Konzentrieren Sie sich und arbeiten Sie daran, sich so gut es geht zu verbessern.

Das Jahr endet mit einem Neumond in Ihrem Zeichen, so dass Sie das Jahr mit mehr Energie für Ihre Ziele im Jahr 2025 beenden. Du hast viel Enthusiasmus, um neue Möglichkeiten zu verfolgen.

Von allen Tierkreiszeichen wird Ihr Zeichen 2024 am stärksten von den Lunar Ereignissen betroffen sein. Dies ist ein bedeutsames Jahr für Sie, das Ihnen wichtige Abschlüsse und vielversprechende Anfänge bescheren kann.

Das Jahr 2024 wird ein Jahr des Segens für den Steinbock sein, denn es werden sich viele Gelegenheiten bieten, aber auch Herausforderungen in Ihrem Liebesleben. Einige Probleme werden in Ihrem persönlichen Leben im Zusammenhang mit Ihrem Partner auftauchen. Heiratsanträge werden in der Mitte des Jahres für Singles kommen.

Wirksame Kommunikation und Vertrauen werden Ihnen helfen, gesündere Beziehungen aufzubauen. Liebe und Freude werden in Ihren Beziehungen im Überfluss vorhanden sein. Gelegentlich könnte es einige Hindernisse von Familie und Freunden geben, also bleiben Sie stark.

Sie sollten versuchen, ein Gleichgewicht zwischen Ihrem Berufs- und Privatleben zu finden.

Finanziell sieht es gut aus, aber Sie müssen ein wenig sparen. Sie werden alle Hände voll zu tun haben mit beruflichen Verpflichtungen, die Sie körperlich und geistig erschöpfen werden. Sie werden geistig erschöpft und gestresst sein. Sie sollten Ihre angeborene Starrheit ablegen und eine sensiblere Persönlichkeit annehmen; diese Veränderung kann

Ihnen die Möglichkeit geben, wichtige Erfahrungen zu machen. Sie brauchen sich der Welt nicht zu beweisen; Ihre Einstellung wird es zeigen. Ihre Talente werden Sie zum Erfolg führen. Machen Sie kleine Schritte, und mit dem Glück auf Ihrer Seite wird dies ein bedeutendes Jahr für Ihre Finanzen sein.

Sie werden gute Beziehungen zu Ihrer Familie und Ihren Freunden haben. Vertrauen Sie Ihren Lieben und teilen Sie mit ihnen.

Einige gesundheitliche Probleme können Ihre Stimmung beeinträchtigen, weil Sie sich manchmal erschöpft fühlen. Sie können unter Gelenkschmerzen und Nervenzusammenbrüchen aufgrund eines anstrengenden Arbeitsprogramms leiden. Es ist ratsam, auf Symptome zu achten und ärztliche Hilfe in Anspruch zu nehmen, bevor sich die Probleme verschlimmern. Ein gesunder Körper und Geist sollten das Ziel Ihres Lebens sein. Versuchen Sie, einen gesunden Lebensstil beizubehalten und gesunde Ernährungsgewohnheiten zusammen mit Änderungen des Lebensstils einzuführen. Eliminieren Sie Stress aus Ihrem Leben.

Liebe

Kommunikationsfragen sind in diesem Jahr am wichtigsten. Sie werden ernste, schwierige Gespräche mit Ihrem Partner führen. Versuchen Sie, verständnisvoll und mitfühlend zu sein.

Während der rückläufigen Phase des Merkurs werden Sie einige Dramen und Missverständnisse erleben. Seien Sie sehr geduldig, es ist wichtig, ruhig zu bleiben.

Vertrauensprobleme können Ihre Beziehung zerstören, wenn Sie ein Paar sind, und Misstrauen kann zu einer Trennung führen. Sie müssen geduldig sein und mit den Füßen auf dem Boden bleiben.

Sex wird im Leben von Singles an der Tagesordnung sein. Sie sollten versuchen, mit ihren Partnern auch auf einer emotionalen Ebene eine Verbindung aufzubauen.

Uranus wird sich das ganze Jahr über in Ihrem Liebesbereich aufhalten und unvorhergesehene Veränderungen in Ihren Beziehungen herbeiführen; wenn Sie Single sind, werden Sie viele Verehrer haben.

Während der Vollmondphasen werden Sie die Liebe ernster nehmen, und Sie werden denjenigen näher kommen, zu denen Sie eine enge Beziehung haben.

In Neumondperioden können Sie neue Verpflichtungen eingehen oder neue Beziehungen beginnen.

Wirtschaft

Steinbock, dieses Jahr haben Sie zahlreiche Gelegenheiten, Ihr Talent bei der Arbeit unter Beweis zu stellen. Sie werden die Gabe haben, sehr leicht Lösungen für Hindernisse zu finden.

Eine selbstbewusste Kommunikation mit Ihren Kollegen und Ihren Vorgesetzten bringt Sie auf die Erfolgsspur. Deshalb müssen Sie Ihre Kommunikationsfähigkeiten verbessern. Je größer Ihre finanziellen Ziele sind, desto mehr Risiken müssen Sie in diesem Jahr eingehen. Alles aufs Spiel zu setzen, ist der einzige Weg zum Erfolg.

Pluto wird im Laufe des Jahres 2024 Ihre Geld Zone durchqueren und Verhaltensmuster zerstören. Er wird Sie veranlassen, bei null anzufangen, wenn Sie sich unsicher und instabil fühlen, kein Selbstwertgefühl haben und nicht wissen, was Sie wert sind. Das bedeutet, dass Ihnen Geld oder materielle Ressourcen weggenommen werden könnten, um Sie zum Lernen zu zwingen.

Wenn Sie eine selbstbewusste, stabile Person sind, kann dies ein Jahr der Ermächtigung sein, dass Ihnen mehr Kontrolle bringt, und Sie werden in der Lage sein, mehr Wohlstand in Ihrem Leben zu schaffen.

Während der Neumondphasen sollten Sie sich auf die Suche nach finanziellen Möglichkeiten konzentrieren und daran denken, Ihre Ressourcen gut zu nutzen.

Während der Vollmondphasen können Sie Ihre finanziellen Pläne organisieren und Entscheidungen treffen sowie finanzielle Blockaden beseitigen.

In diesem Jahr können Sie die Art und Weise, wie Sie Geld verdienen, verbessern, um mehr zu verdienen, und Sie können viel einfallsreicher mit dem umgehen, was Sie bereits haben. Sie können mehr Fülle und Möglichkeiten für mehr wirtschaftlichen Erfolg schaffen.

Jupiter bringt neue Arbeitsmöglichkeiten in Ihr Leben, Sie erhalten Jobangebote oder Sie beginnen neue Arbeitsprojekte. Wenn Sie nicht mögen, was Sie tun, könnte dies das Jahr sein, in dem Sie sich einen anderen Job oder Beruf suchen.

Am 25. März gibt es eine Mondfinsternis in deinem beruflichen Bereich. Das ist die Zeit, in der du etwas Wichtiges erreichst und Anerkennung bekommst, wenn du die Dinge auf die richtige Weise und aus den richtigen Gründen getan hast. Wenn nicht, kann dies eine Zeit der Rückschläge und Verzögerungen sein, und du wirst deine Pläne neu bewerten müssen.

Am 2. Oktober erinnert Sie eine Sonnenfinsternis in Ihrem beruflichen Umfeld daran, dass es an der Zeit ist, neue Aufgaben zu übernehmen. Diese Sonnenfinsternis wird dir auch neue Möglichkeiten bringen.

Familie

Dies ist ein gutes Jahr, um wesentliche Veränderungen in Ihrem Haus vorzunehmen, zu renovieren, neu zu dekorieren oder umzugestalten, oder um an einen Ort zurückzukehren, an dem Sie schon einmal gelebt haben.

Es ist das Jahr, in dem Sie die Karten auf den Tisch legen und die Grenzen Ihrer Familie abstecken müssen, was nicht bedeutet, dass Sie sich auf Konflikte einlassen sollten, sondern im Gegenteil, andere müssen Ihre Prioritäten verstehen.

2024 wird ein Jahr sein, in dem die familiären Bindungen gefestigt werden.

In Zeiten des rückläufigen Merkurs werden bestehende Probleme in Ihrem Haus und in Ihrer Familie bekannt werden. Es wird zu kleinen Konflikten in Ihrem Haus kommen, Sie werden sich zu Hause nicht wohlfühlen. Die Familie wird mehr von Ihnen verlangen, und das kann Sie emotional zermürben.

Sonnenfinsternisse helfen Ihnen, sich auf Ihr Zuhause zu konzentrieren und Ihre Familienbande zu stärken.

Vollmondperioden in Ihrem Bereich von Heim und Familie bringen Familiengeheimnisse ans Licht. Wenn Sie diese aufklären, werden Sie sich emotional geborgener fühlen. Du solltest die Vollmonde nutzen, um Projekte in deinem Haus abzuschließen.

Steinbock Gesundheit

Das Jahr 2024 präsentiert sich nicht als ein Jahr mit vielen Komplikationen. Ein schlecht kanalisiertes Stressniveau kann Ihnen Beschwerden wie Depressionen und Schlaflosigkeit bescheren.

Ihr wichtigster Störfaktor ist Ihre Ernährung. Sie müssen auf Ihre Abwehrkräfte achten, versuchen, sich ständig zu bewegen und auf Ihre Ernährung zu achten. Begrenzen Sie die Anzahl der scharfen Speisen und trinken Sie mehr Wasser.

Sie sollten zu Ihren Routineuntersuchungen gehen, den Zahnarzt aufsuchen und Ihren Cholesterinspiegel kontrollieren.

Sie müssen ihre emotionalen Probleme aufarbeiten. Eine gute Möglichkeit ist es, komplexe Themen mit einem Psychologen oder Therapeuten zu besprechen.

Am Ende des Jahres werden Sie von Ihrem Aussehen besessen sein und Ihr Image ändern wollen. Versuchen Sie, nicht ängstlich zu sein, denn es ist Ihr Herz, das darunter leidet. Kümmern Sie sich um Ihre Knochen und Ihre Haut, und vergessen Sie nicht, dass Ihr Rücken ein wenig zerbrechlich ist und Sie Ihre Muskeln stärken müssen.

Wassermann

Wassermann, symbolisiert durch den Wasserträger, der der Erde Leben gibt, ist ein ehrenvolles Luftzeichen.

Er ist fortschrittlich und rebellisch und will die Ordnung aufrütteln. Der Wassermann glaubt an Gerechtigkeit und Fairness, und für diesen Denker ist alles sozial oder politisch.

Er glaubt, dass jede Aktion eine Reaktion hat und dass alle seine Entscheidungen auch eine Moral widerspiegeln. Im Herzen rebellisch, verachtet dieses Luftzeichen Autoritäten und lehnt alles ab, was für Konventionalität steht.

Er ist der festen Überzeugung, dass ein Perspektivwechsel dem Gemeinwohl zugutekommt, und scheut sich nicht, ein paar Töne anzuschlagen, wenn es um soziale Gerechtigkeit geht.

Diese ungewöhnliche Lebensweise inspiriert die Menschen in seiner Umgebung, und er beweist gerne, dass man immer große Träume haben kann. Wenn Sie bei einem Projekt auf eine Straßensperre gestoßen sind, hat der Wassermann die Lösung.

Wassermann wird von Uranus regiert, dem Planeten, der für Innovation, Technologie und einschneidende Ereignisse zuständig ist.

Er hat ein Händchen für Fortschritt, weshalb er oft als das Wunderkind des Tierkreises bezeichnet wird. Intelligent und begierig auf Veränderungen, ist er der modernen Gesellschaft immer zwei Schritte voraus. Seine Dickköpfigkeit ist seine Achillesferse.

Die Beharrlichkeit des Wassermanns hängt eindeutig mit seinen starken und gerechten Überzeugungen zusammen, und diese Eigenschaft wird unterdrückt, sobald er die Gelegenheit hat, positive Veränderungen zu verkünden.

Da der Wassermann stets auf Gleichheit bedacht ist, arbeitet er gern in Teams und Gemeinschaften von Gleichgesinnten.

Wassermänner brauchen viel Raum, um nachzudenken, Ideen zu entwickeln und ihre Rolle in dem zu planen, wofür sie eintreten, denn Freiheit, sowohl in der Theorie als auch in der Praxis, ist für dieses Zeichen sehr wichtig.

In der Tat ist jeder, der die Freiheit des Wassermanns in Frage stellt, sein Gegner. Sie sehen, es ist schwierig, eine Romanze mit dem Wassermann zu führen, da er sich auf die Gesellschaft konzentriert und nicht auf Smalltalk mit einer Person. Doch auch wenn er es nicht zugeben will, ist er ein heißblütiger Mensch, der auch Zuneigung braucht.

Da der Wassermann nicht so ein körperliches Wesen ist, ist die Liebe eher wie eine Freundschaft, er liebt es, frei zu denken, daher ist seine Herangehensweise an eine Beziehung unkonventionell.

Aber denken Sie auch daran, dass der Wassermann der Meinung ist, dass jedes Interesse und jedes Hobby die Ethik einer Person widerspiegeln soll to, also sollten Sie genau herausfinden, was ihm Spaß macht, bevor Sie etwas reservieren.

Das Wichtigste, was man bei einer Beziehung mit einem Wassermann beachten sollte, ist, dass er viel persönlichen Freiraum braucht. Zeit für sich selbst ist für dieses Sternzeichen essenziell, er wird sogar rebellieren, wenn er sich eingesperrt fühlt.

Im Zweifelsfall sollten Sie sich zurückziehen und warten, bis der Wassermann zu Ihnen kommt. Denken Sie daran, obwohl er distanziert ist, die Wahrheit ist, dass er eine Menge über Sie kümmert, er hat nur seine einzigartige Art, diese Gefühle auszudrücken.

Da der Wassermann exzentrisch ist, hasst er es, in eine Schublade gesteckt und kategorisiert zu werden, und ist besonders von Menschen begeistert, die einen unkonventionellen Stil haben und verschiedene Erscheinungsbilder miteinander kombinieren.

Mit seinem hoch erhobenen Kopf ist es kein Wunder, dass dieses Sternzeichen den Ruf hat, in intimen Beziehungen unnahbar zu sein.

Doch obwohl er sich oft mehr mit dem Abstrakten als mit fleischlichen Wünschen beschäftigt, sollte man sich nicht täuschen lassen, denn der Wassermann liebt das Vergnügen und weiß, was er will.

Stimulieren Sie Ihren Wassermann-Liebhaber, indem Sie die Rollen tauschen, mit verborgenen Wünschen experimentieren und neue Wege erforschen, Ihre individuelle Sexualität auszudrücken. Da der Wassermann technikaffin ist, werden die neuesten Vergnügungsgeräte ihn oder sie mehr anregen als Ihre Fantasien.

Obwohl es schwierig ist, ihr Bedürfnis nach Freiheit mit den Bedürfnissen der Beziehung in Einklang zu bringen, verstehen Wassermänner, wenn sie sich binden, dass alles eine Verhandlung ist.

Im Grunde genommen möchte er, dass die Dinge gleichberechtigt sind und nicht, dass seine Vorlieben die Beziehung dominieren. Wenn Sie also eine Beziehung mit einem Wassermann führen, sollten Sie damit experimentieren, gemeinsam verschiedene Parameter zu schaffen.

Denken Sie daran, dass eine gelegentliche Trennung nicht zwangsläufig eine emotionale Distanz bedeutet; eine kleine Trennung trägt dazu bei, die Liebe und das Vertrauen zu vertiefen und so den Grundstein für eine konkrete Beziehung zu legen.

Es ist auch wichtig zu bedenken, dass der Wassermann, auch wenn er seine Gefühle auf ungewöhnliche Weise ausdrückt, Gefühle hat, sein Bestes tut, um ein aufmerksamer und freundlicher Partner zu sein, und auf Ihre Unterstützung angewiesen ist.

Allgemeines Horoskop von Wassermann

Willkommen an Bord des Wassermanns. 2024 wird ein Jahr mit viel Spaß und alle Ihre Wünsche werden dank der planetarischen Ereignisse, die in Ihrem Sternzeichen stattfinden, erfüllt werden.

In diesem Jahr werden Sie sich ganz auf sich selbst konzentrieren und eine neue Identität und persönliche Herausforderungen definieren, ohne sich von den Erwartungen der Menschen um Sie herum beeinflussen zu lassen. In diesem Jahr werden Sie die Unterstützung Ihrer Familie und Freunde haben.

Ihre Finanzen werden eine Achterbahnfahrt erleben, deshalb sollten Sie mit Geldanlagen vorsichtig sein, denn es kann zu Verlusten und Problemen kommen. Es wird Situationen geben, die Sie lieber vermeiden würden. Es ist möglich, dass Ihre Glaubwürdigkeit in Frage gestellt wird, was Ihrem Ansehen schaden wird. Einige Menschen in Ihrem Umfeld und Arbeitskollegen werden Sie enttäuschen, weil sie Sie Intrigen und Lügen aussetzen. Versuchen Sie, in diesen Situationen geduldig zu sein, damit alles gut ausgeht.

In diesem Jahr werden Sie einige wichtige Lektionen erhalten, deshalb müssen Sie geduldig sein und sich nicht um Kleinigkeiten kümmern.

Wenn Sie alleinstehend sind, könnten Sie einen Ihrer Seelenverwandten treffen und eine sehr tiefe Verbindung eingehen. Sie werden immense Chancen haben, erfolgreich zu sein, aber Sie werden einige wichtige Entscheidungen in Bezug auf das Geschäft treffen müssen, und einige müssen sich vielleicht wegen ihrer Arbeit von ihrer Familie trennen.

Sie müssen auf Ihre Gesundheit achten und sich ständig um gute Gewohnheiten bemühen, sich von ungesunden Ernährungsgewohnheiten fernhalten und eine gesunde Routine in Verbindung mit körperlichen Übungen einhalten. Sie sollten sich von allem fernhalten, was Ihnen Stress und Spannungen bereitet, da dies Ihre emotionale Gesundheit beeinträchtigen könnte. Wenn Sie unter Schlaf- und Ruheproblemen leiden, nehmen Sie keine Medikamente ein, sondern versuchen Sie, zu meditieren.

Pluto wird 2024 in Ihr Zeichen zurückkehren und Ihnen helfen, Ihre persönliche Kraft zu finden und Ihren Willen zu stärken. Sie können das pflegen, wofür Sie sich begeistern, mehr Fülle in Ihr Leben bringen und kreativer sein. Sie werden selbstbewusster sein, und Ihre Kraft wird stark sein. Du wirst dich von nichts und niemandem unterkriegen lassen. Das ist auch gut für Geldangelegenheiten und kann Ihren Wohlstand steigern. Es werden sich neue Möglichkeiten ergeben, und ein ganz neues Kapitel in Ihrem Leben könnte auf Sie warten.

Während der Vollmondphasen sollten Sie auf Ihre emotionalen Bedürfnisse achten, da Sie dann empfindlicher und frustrierter sein könnten. Kümmern Sie sich um sich selbst und Sie werden sich ruhig fühlen können. Versuchen Sie, sich auf die Liebe zu konzentrieren, und lassen Sie sich nicht von äußeren Umständen deprimieren. Sie sollten in Ihren persönlichen und sentimentalen Beziehungen Abstand nehmen, damit Sie Ihre Verpflichtungen in Kenntnis der Sachlage angehen können. Sie müssen verstehen, dass viele Menschen nicht so denken wie Sie.

Familienkonflikte werden überholt sein, da wichtige Vereinbarungen in Ihrem Haus getroffen werden.

Sie werden mehrere Trennungen mit giftigen Menschen haben, wenn Sie einen Partner haben, wird es viele Schwierigkeiten geben, weil eine dritte Person in Ihre Entscheidungen einbezogen wird. Es ist wichtig, dass Sie diesen Konflikt lösen.

Wenn Sie keinen Partner haben, ist dies das Jahr, um sentimentale Phasen abzuschließen, sich neu zu verlieben und die Liebe in vollen Zügen zu leben.

Nutzen Sie während der Finsternis Periode Ihr gesamtes berufliches Wissen, um Ihren Weg zu gestalten. Geben Sie nicht vor, unwissend zu sein, weil Sie befürchten, Ihr Wissen nicht ausdrücken zu können, sondern zeigen Sie, dass Sie professionell sind.

Liebe

Ein Jahr mit viel Liebe, indem du erkennen wirst, dass Herzenskummer bedeutungslos ist, wenn du gute Menschen an deiner Seite hast.

Wenn Sie keinen Partner haben, ist da eine Melancholie, die Sie daran hindert, voranzukommen und neue Menschen zu treffen. Der Geschmack einer vergangenen Liebe hat eine tiefe Wunde hinterlassen. Verlassen Sie die Opferrolle, in der Sie sich so wohl fühlen, Sie verdienen mehr als das, und es wird jemand in Ihr Leben treten, der es Ihnen verständlich macht.

Jede vergangene Liebe muss vergessen werden, und wenn die Leidenschaft in Ihr Leben tritt, werden Sie bedauern, dass Sie es nicht früher gewagt haben, diese Verhaltensmuster zu durchbrechen.

Diejenigen, die einen Partner haben, werden im Laufe des Jahres davon profitieren, denn sie werden den Groll über Differenzen oder Fehler, die jeder von ihnen begangen hat, hinter sich lassen und ein positiveres Jahr der Romantik und Leidenschaft erleben. Natürlich wird es einige unwichtige Missverständnisse geben, die dem Paar Unbehagen bereiten, aber alles wird nach langen Gesprächen und Vereinbarungen, von denen beide Parteien profitieren werden, geklärt werden.

Wirtschaft

In diesem Jahr können Sie Ihre Wirtschaft konsolidieren und weitere Techniken in Ihrem Beruf erlernen, die Ihnen zum Erfolg verhelfen werden.

Wenn Sie auf der Suche nach einer Stelle sind, sollten Sie alle Ihre Möglichkeiten ausschöpfen, um eine Stelle zu finden, vielleicht erhalten Sie sogar eine Empfehlung von jemandem, den Sie kennen. Der beste Weg zum Erfolg ist, sich an Veränderungen anzupassen und Probleme zu lösen, ohne dabei die Geduld zu verlieren.

Dies ist ein Jahr des Überflusses, in dem Sie in der Lage sein werden, etwas Wertvolles zu kaufen, das Sie schon immer haben wollten, ein Haus oder in ein Unternehmen zu investieren. Einige der finanziellen Herausforderungen werden Sie durch Ihre Kreativität überwinden können.

Geldprobleme können gelöst werden, wenn Sie einen Haushaltsplan aufstellen und Wege finden, Ihre Mittel besser zu verwalten. Vielleicht bekommen Sie einen Bonus oder haben Glück beim Glücksspiel.

Vielleicht beschließen Sie, ein neues Auto zu kaufen, oder Sie erhalten Vorteile oder Chancen durch kurze Reisen, Nachrichten, E-Mails oder Kontakte mit Kollegen und Nachbarn. Halten Sie Ihre Augen offen für Gelegenheiten.

Familie

Sie werden für Ihre Familie unentbehrlich sein, und das wird eine Menge Zeit in Anspruch nehmen, die Sie dem Vergnügen widmen könnten. Ihr Verantwortungsbewusstsein wird maximal gefordert werden, und Sie werden die Möglichkeit haben, ein Beispiel zu sein, dem man folgen kann, etwas, das Sie gerne tun. Denken Sie daran, dass Ihre Familie wissen *muss, dass sie sich auf Sie verlassen kann; wenn Sie distanziert sind und den Anschein von Überlegenheit erwecken, wird es schwierig sein.*

Uranus durchquert Ihr Wohngebiet, und das kann Veränderungen in Ihrem Familienleben bedeuten. Vielleicht ziehen Sie auch in eine größere Wohnung um, wenn Jupiter Anfang Mai durch diesen Bereich läuft.

Während der Vollmondphasen werden Sie häusliche Projekte abschließen, aber vielleicht müssen Sie auch familiäre Probleme lösen.

Sie werden eine psychologische Metamorphose durchlaufen, und Sie werden Zeuge einer geistigen Erneuerung auf familiärer Ebene.

Wassermann Gesundheit

In diesem Jahr werden Sie feststellen, dass Sie sich in einigen Entscheidungen geirrt haben, lassen Sie sich deswegen nicht deprimieren. Sie müssen erwachsen werden, reifen, sich trauen, Ihren Lebensstil zu ändern und festere Entscheidungen zu treffen, um eine optimale Gesundheit zu erreichen.

Möglicherweise müssen Sie in den Operationssaal, aber das ist nur ein kleiner Eingriff, und Sie werden sich schnell erholen.

Sie müssen Ihren Organismus entschlacken und reinigen, Ihren Dickdarm, Ihren Magen und Ihre Gallenblase pflegen. Sie sollten zu einem Chiropraktiker gehen, um Ihre Knochen durch Fußreflexzonenmassage einstellen zu lassen. Yoga und Meditation werden Ihnen helfen, Ihren Körper körperlich und geistig auszugleichen.

Sie sollten mäßig Sex haben, Ihre Stunden schlafen und sich von Verantwortungen trennen.

Fische

Die Fische werden durch zwei Fische symbolisiert, die in entgegengesetzte Richtungen schwimmen und durch einen unsichtbaren Faden miteinander verbunden sind, eine Darstellung ihrer Existenz an der Kreuzung von Utopie und Realität.

Es ist das letzte Zeichen des Tierkreises, und aus diesem Grund haben die Fische alle Lektionen gesammelt, die die elf vorderen Zeichen erfahren haben.

Es ist das spirituellste Zeichen im Tierkreisrad. Friedlich und höflich, aber mürrisch wie ein Exemplar, das in den tiefen Gewässern des Ozeans lebt.

Das nebulöse Zeichen der Fische wird von Neptun beherrscht, dem Planeten, der Kreativität und Träume sowie Utopien und Eskapismus kontrolliert. Neptun ist verschwenderisch, faszinierend, aber manchmal kann er auch beängstigend sein.

Diese Eigenschaften spiegeln sich in den Fischen in besonderem Maße wider. Als Wasserzeichen besitzt es eine enorme multidimensionale Tiefe und Magie, die es für andere verführerisch macht.

So wie das Meer seine Wellen wechselt, ist es manchmal ruhig, phantasiert über das Morgen und sinniert über die Seelen und Ereignisse seines Lebens, und zu anderen Zeiten ist es energisch und heftig, entfesselt seine innersten Empfindungen in grandiosen Strömungen.

Da das Meer eine mächtige und gefährliche Kraft ist, sollten Sie sich, bevor Sie sich an die Eroberung der Fische machen, auf das ganze Ausmaß des Schreckens vorbereiten, der auf Sie zukommt.

Fische sind ihrer Methode treu und scheuen sich nicht davor, ihre Meinung zu ändern; sie freuen sich sogar über die Gelegenheit, neue Standpunkte und Ideen zu begrüßen.

Fische sind nicht boshaft; sie können den größten Konflikt der Welt haben und ihn völlig aus ihrem Gedächtnis streichen. Fische helfen auch anderen, das Leben von einer neuen Seite zu betrachten, und Sie können sich darauf verlassen, dass er Ihnen in jeder Situation hilft.

Er ist immer auf der Suche nach neuen Methoden, um seinen Horizont zu erweitern, und Fische lieben es, ihre Spiritualität durch fantasievolle Gewohnheiten voranzutreiben, selbst wenn das bedeutet, eine Meerjungfrau in einem Sumpf zu jagen, denn als das ultimative Sternzeichen ist er sich sehr sicher, dass die Realität wirklich nicht greifbar ist.

Dieses Zeichen ist ein emotionaler Schwamm, der alles in seiner Umgebung anzieht, auch das, was auf der feinstofflichen Ebene existiert.

Mit so viel Einfühlungsvermögen sollten sich Fische, bevor sie eine neue Beziehung eingehen, Zeit nehmen, um zu überprüfen, wie sie sich wirklich fühlen, und jedes Unbehagen notieren. Wenn sich die Dinge seltsam anfühlen, ist es sehr sicher, dass sie dunkle Energien aus dem maurischen Feld der anderen Person absorbiert haben.

Wenn Fische erkennen können, woher diese Spannung kommt, fällt es ihnen leichter zu erkennen, wie die Gefühle anderer sie körperlich beeinflussen.

Dies kann Ihnen helfen, sich auf die Festlegung von Trennlinien zu konzentrieren und zu vermeiden, dass Sie in Zukunft durch die Schwierigkeiten anderer belastet werden.

Fische sind eine freundliche, liebevolle und reine Seele, die von Träumen, Musik und Liebe belebt wird. Ein Date mit einem Fisch ist wie ein Tauchgang in die Tiefen des großen Ozeans, es ist aufregend und geheimnisvoll.

Fische fühlen sich instinktiv zu unkonventionellen Menschen hingezogen, die im Takt ihrer eigenen Trommeln marschieren. Das bedeutet jedoch nicht, *dass ihr idealer Partner ein gesellschaftlicher Außenseiter ist.*

Fische bevorzugen Partner, die mit innovativen und liberalen Gemeinschaften verbunden sind. Wenn es um ein Date mit den Fischen geht, sollten Sie eine Oper besuchen, eine Kunstgalerie besichtigen oder sich für einen Kunstworkshop anmelden.

Er wird von Erfahrungen beeinflusst, vor allem von solchen, die mit nicht-oralen und nicht-körperlichen Potenzen zu tun haben, und es wird bestätigt, dass jede Erfahrung mit den spirituellen Fischen eine tiefe subjektive Erkundung beinhaltet.

Im Laufe der Zeit und durch Interaktion können Sie genau herausfinden, welche Arten von Praktiken Ihr Partner dieses Zeichens aushalten kann oder nicht, aber zu Beginn Ihrer Verlobung sollten Sie alles Übertriebene vermeiden.

Dieses scharfsinnige Wesen kann nichts Grobes tolerieren.

Mit dieser spirituellen und emotionalen Personalisierung ist die Fische-Paarung zutiefst sentimental, dieses Geschöpf der tiefen Gewässer versteht intime Beziehungen als die Allianz zweier erhabener und korrekter Seelen.

Fische haben vielleicht ungeplanten Sex, ziehen es aber vor, mit jemandem zusammen zu sein, der ihnen wichtig ist, bevor sie sich so weit herablassen.

Diesem sensiblen Zeichen fällt es schwer, Grenzen zu ziehen, da es im Meer keine Grenzen gibt. Eine kausale Beziehung mit Fischen ist wie eine Reise in eine andere Galaxie, und es ist viel schwieriger, sich innerhalb einer bestehenden Beziehung auf ihre Gezeiten einzulassen.

Der Aufbau einer dauerhaften Beziehung mit Fischen ist eine Kunst, die Furchtlosigkeit, Tatkraft und Anpassungsfähigkeit erfordert. Fische leben in ihrer eigenen Realität, und so ist es kein Wunder, dass dieses verträumte Wasserzeichen ein wenig rau sein kann.

Es kann sein, dass er mit Ihnen Pläne schmiedet, ein Haus zu kaufen oder ein Kind zu bekommen, und dann nach einer Weile seine Meinung ändert.

Das ist enttäuschend, aber es lohnt sich nicht, Fische mit seinem nicht ganz ehrlichen Verhalten zu konfrontieren, denn ihm fehlt der emotionale Rahmen, sein einziger Schutz besteht darin, wegzuschwimmen, und falls Sie nicht wussten, dass Fische dazu neigen, beim geringsten Angriff das Schiff zu verlassen.

In einer Beziehung müssen Fische zustimmen, dass die Emotionen des Partners mitgeteilt werden müssen. Es mag ihm schwerfallen, etwas zuzugeben, was er nicht hören will, aber Kommunikation ist der Schlüssel, damit die Beziehung nicht verloren geht.

Wenn Sie das Gefühl haben, dass sich Ihr Fisch-Partner von Ihnen zurückzieht, können Sie ihn oder sie mit Musik anziehen.

Es sieht aus wie etwas Einfaches, aber personalisierte Dinge werden das Herz dieses kleinen Fisches erobern und ihm helfen, sein Vertrauen in die Beziehung wiederherzustellen.

Wenn eine Beziehung jedoch den Punkt erreicht, an dem es kein Zurück mehr gibt, werden sich die Fische im Stillen isolieren.

Er zieht es vor, sich nicht mit dem Problem herumzuschlagen, daher ist seine bevorzugte Form der Trennung oft vage und nicht endgültig.

Allgemeines Horoskop für Fische

Wenn Sie Ihr Leben radikal ändern, sich selbstständig machen und Ihre Individualität behaupten wollen, ist dies das richtige Jahr dafür.

Der Einfluss der Planeten macht Sie furchtlos und mutig, aber er macht Sie auch anfällig für Unfälle. Alle Unfälle sind das Ergebnis Ihrer *überstürzten oder impulsiven Handlungen, denn Sie wollen etwas wagen, ohne die Konsequenzen oder die Vor- und Nachteile zu bedenken, die sich auf dem Weg ergeben könnten.*

Andere werden dazu neigen, Sie als egoistisch oder egozentrisch abzustempeln, was nicht immer falsch ist, da Sie mehr an Ihren eigenen Angelegenheiten als an denen anderer interessiert sind. Außerdem werden Sie viel autoritärer sein als früher und dazu neigen, Ihre Meinung durchzusetzen.

Dies ist ein Jahr, das geeignet ist, die Ziele zu erreichen, die Sie sich selbst gesetzt haben. Du wirst sehr beständig sein und große Autorität zeigen, um deine Ideen durchzusetzen. Ihre Ambitionen werden stark und präzise sein, und Sie werden keinen Platz für Ängste oder Unsicherheiten geben.

Es ist wichtig, dass Sie Ihr Urteilsvermögen einsetzen und unter Ihren Zielen die wichtigsten und die zweitwichtigsten auswählen. Ordnung, Methode, Organisation und ständige Arbeit sind die Schlüsselwörter für den Erfolg in diesem Jahr.

Vielleicht stoßen Sie auch auf Probleme, die schwer zu lösen sind, auf Gegner, die Ihre Fähigkeiten herausfordern, oder Sie haben mit Chefs oder Autoritätspersonen zu tun, die nicht so logisch sind und ein Hindernis für Ihr Leben darstellen.

Das Schicksal wird Ihre Hartnäckigkeit und Zuversicht bewerten. Der Erfolg wird nicht vom Glück abhängen, sondern von deiner ständigen Arbeit.

Zu Hause finden Sie ein gefühlsbetontes Klima vor, das Sie unterstützen wird. Lassen Sie nicht zu, dass Ihre Ambitionen und materiellen Angelegenheiten Ihre emotionale Seite abkühlen.

Neptun bleibt das ganze Jahr 2024 hindurch in Ihrem Zeichen und verstärkt die natürliche Pisa Nische Energie, die Sie intuitiver, spiritueller, fantasievoller, mitfühlender, einfühlsamer und kreativer macht. Saturn wird ebenfalls das ganze Jahr 2024 über in Ihrem Zeichen stehen und einen Teil dieser Energie einschränken, indem er Sie zu mehr Konzentration und Kontrolle anhält.

Im Jahr 2024 werden Sie dank Saturn mehr Verantwortung tragen, und das kann manchmal einschränkend und erdrückend wirken, aber Sie müssen vielleicht einige Lektionen lernen, die Ihnen helfen werden, auf neue Weise zu wachsen.

Während der Neumondphasen haben Sie die Möglichkeit, die Initiative zu ergreifen und das zu tun, was Sie wollen. Achte darauf, diszipliniert zu sein und mit Saturn nicht zu hetzen, während du mit Neptun auf deine Intuition hörst.

Mondfinsternisse können entscheidende Momente sein. Es kann eine Art großes Finale geben, etwas, an dem Sie schon seit einiger Zeit arbeiten und dass Sie nun abschließen wollen, oder Sie können sich von etwas Wichtigem befreien oder loslassen, dass Sie zurückgehalten oder belastet hat.

Sie können die Ergebnisse Ihrer Arbeit sehen, und das bedeutet, dass Sie belohnt werden, wenn Sie die Dinge auf die richtige Weise und aus den richtigen Gründen getan haben, oder Sie können einige Rückschläge erleiden, wenn Sie Ihren Ansatz ändern müssen. Ihre Emotionen können stark und tief sein, und Sie müssen vielleicht mehr auf Ihre Wünsche und Bedürfnisse achten.

Fische 2024 bringt Ihnen viele positive Veränderungen, es ist eine Zeit, in der Sie sich vorwärtsbewegen werden, und Sie werden die Möglichkeit haben, Ihr volles Potenzial während des ganzen Jahres dank der positiven Schwingungen um Sie herum zu nutzen. Dieses Jahr markiert für die Fische den Beginn eines neuen Lebens.

Durch harte Arbeit und Engagement werden Sie das Jahr erfolgreich abschließen können.

Konzentrieren Sie sich auf die Zukunft und nutzen Sie alle Chancen, die sich Ihnen in diesem Jahr bieten. Vermeiden Sie Sorgen und Ängste, die Sie zermürben könnten. Lenken Sie Ihre Energie in positive Bereiche und schaffen Sie ein Gleichgewicht in Ihrem Leben.

Liebe

Dieses Jahr wird voller Abenteuer, emotionaler Verpflichtungen und Verantwortlichkeiten sein, die vielleicht eine andere Seite Ihrer Persönlichkeit zum Vorschein bringen. Vielleicht fühlen Sie sich von den Ereignissen um Sie herum überwältigt, aber mit der Zeit werden Sie sich an den Lebensrhythmus anpassen.

Ihre Ansichten über Beziehungen und die Vereinbarkeit von Beruf und Familie können sich erheblich ändern, da Sie in eine neue Lebensphase eintreten.

In Vollmondperioden werden Sie Ihre Verpflichtungen ernster nehmen. Sie könnten sich emotional stärker engagieren. Wenn Sie das Gefühl haben, dass Sie keine gute Verbindung zu jemandem haben, haben Sie vielleicht das Bedürfnis, sich ganz von ihm zu trennen.

In den Zeiten, in denen der Neumond am 5. Juli in deinem Liebessektor steht, wirst du mehr Liebe in deinem Leben willkommen heißen. Du kannst mehr Zeit mit den Menschen verbringen, die du liebst, und die Liebe teilen, die du empfindest. Wenn Sie in einer Beziehung sind, können Sie mehr Romantik in Ihr Leben bringen. Wenn Sie Single sind, können Sie viel Aufmerksamkeit auf sich ziehen und Spaß haben.

In Zeiten des rückläufigen Merkurs können sich bestehende Beziehungsprobleme verschlimmern.

Wenn Sie alleinstehend sind, werden Sie sich vor allem auf Ihre persönliche Entwicklung konzentrieren, was bedeutet, dass Sie im Jahr 2024 weniger daran interessiert sein werden, Ihren Seelenpartner zu finden.

Dies könnte das Jahr sein, indem du anfängst, dich mit mehreren Leuten gleichzeitig zu verabreden, um sie miteinander zu vergleichen. Gegen dieses Verhalten ist nichts einzuwenden, aber achten Sie darauf, dass Sie keinen Fehler machen, also nicht der falschen Person eine SMS schreiben oder zur falschen Zeit am falschen Ort sind.

Wenn Sie einen Partner haben, kann es zu Kommunikationsproblemen kommen, daher ist es wichtig, dass Sie Ihre Gefühle ehrlich ausdrücken. Außerdem können alte Verletzungen und ungelöste Gefühle wieder auftauchen und Sie herausfordern, sich ihnen zu stellen und sie zu heilen. Denken Sie daran, dass diese Herausforderungen Gelegenheiten zum Wachstum sind und Ihre Liebe nur noch stärker machen.

Im weiteren Verlauf des Jahres sollten Sie sich auf einige unerwartete Ereignisse in Ihrem Liebesleben einstellen. Eine alte Liebe könnte neu entfacht werden, oder Sie könnten jemandem begegnen, von dem Sie das Gefühl haben, dass er aus Ihren Träumen herausgetreten ist. Nehmen Sie diese Begegnungen mit offenem Herzen an, denn sie haben das Potenzial, Ihr Liebesleben auf bemerkenswerte Weise zu verändern.

Wirtschaft

Dieses Jahr 2024 ist eine Reise in die Gezeiten des Wohlstands, denn Ihr Augenmerk wird auf dem finanziellen Bereich liegen. Dieses Jahr verspricht Ihnen eine Welle von Gelegenheiten. Ihre angeborene Kreativität und Ihre intuitive Natur werden in der Finanzwelt als wertvolles Kapital dienen. Ihre innovativen Ideen können zu unerwarteten Einkommensströmen führen, und mit Organisation getätigte Investitionen können große Erträge bringen.

Es kann jedoch sein, dass Sie unerwartete Ausgaben oder finanzielle Rückschläge haben. Es ist wichtig, dass Sie ein Budget haben und für schlechte Tage sparen. Sie sollten bei riskanten Unternehmungen vorsichtig sein und bedenken, dass nicht alle Möglichkeiten so vielversprechend sind, wie sie scheinen.

Halten Sie sich von impulsiven Ausgaben fern und halten Sie sich an einen Finanzplan. Ihre Intuition kann Ihnen helfen, finanzielle Entscheidungen zu treffen, aber sie kann Sie auch zu impulsiven, von

Ihren Gefühlen motivierten Käufen verleiten. Es ist wichtig, dass Sie ein Gleichgewicht zwischen Ihrem Herzen und Ihrem Geldbeutel herstellen. Denken Sie nach, bevor Sie größere finanzielle Verpflichtungen eingehen.

Überlegen Sie, ob Sie Ressourcen für Ihre persönliche Entwicklung bereitstellen sollen; Investitionen in Ihre Bildung könnten zu langfristigem finanziellen Wachstum führen. Dies könnte das Jahr sein, in dem das Erlernen einer neuen Fähigkeit äußerst lohnend sein wird, da es entweder Ihr wirtschaftliches Potenzial erhöht oder Ihnen neue Karrierewege eröffnet.

Während der Vollmondphasen werden Sie die Ergebnisse Ihrer Arbeit sehen und daran arbeiten, die Blockaden zu beseitigen, die Sie daran gehindert haben, vorwärtszukommen, und alle Probleme zu beseitigen, die sich Ihnen in den Weg gestellt haben.

Während der rückläufigen Phase des Merkurs werden Sie viel Energie und Konzentration haben, die es Ihnen ermöglichen, wieder Fülle in Ihr Leben zu bringen. Sie können auch Arbeitsprojekte neu starten oder ein altes Projekt wieder aufnehmen, an dem Sie nicht arbeiten konnten.

Es ist wichtig, dass Sie einer Arbeit nachgehen, in die Sie emotional involviert sind, die Sie begeistert, die Ihnen Spaß macht und die Sie als erfüllend *empfinden. Wenn Sie das nicht haben, wird das Jahr 2024 Sie zwingen, etwas zu ändern.*

Familie

Dieses Jahr verspricht eine Mischung aus Liebe, Wachstum und Herausforderungen in Ihrem Familienleben und bietet Ihnen die Möglichkeit, Hindernisse zu überwinden.

Eine Person wird in euren Familienkern kommen, die die Atmosphäre erfrischen und die Energie bringen wird, die alle brauchen. Seine Herangehensweise wird das genaue Gegenteil von der Ihren sein, aber er wird Harmonie und Verbindung in Ihre Familie bringen.

Ihr natürliches Mitgefühl und Ihre einfühlsame Art werden durchscheinen und Sie zum Friedensstifter bei Familienstreitigkeiten machen.

Seien Sie jedoch auf einige Meinungsverschiedenheiten oder Missverständnisse vorbereitet. Ihre einfühlsame Art kann dazu führen, dass Sie die emotionale Belastung anderer auf sich nehmen, was Ihr eigenes Wohlbefinden beeinträchtigen kann. Das Setzen von Grenzen und eine offene Kommunikation sind der Schlüssel zur

Bewältigung dieser Herausforderungen und zur
Erhaltung der Familienharmonie.

Erwägen Sie die Teilnahme an gemeinsamen
Aktivitäten, um den Zusammenhalt in Ihrer Familie zu
stärken. Akzeptieren Sie Veränderungen als Chance
für positive Veränderungen in Ihrem Zuhause und
fördern Sie eine Atmosphäre des Verständnisses.

Sie müssen der Qualität der Zeit mit Ihren Lieben
Vorrang einräumen. Trennen Sie sich von
Ablenkungen.

Fische Gesundheit

Im Jahr 2024 stehen die Sterne günstig, um Sie
mit viel Energie und Vitalität zu versorgen, was Ihnen
eine gute Gesundheit und viel Enthusiasmus bescheren
wird.

Dies ist ein ausgezeichnetes Jahr, um ein
Bewegungsprogramm zu entwickeln, das Ihren
Vorlieben entspricht. Eine ausgewogene Ernährung
und eine ausreichende Flüssigkeitszufuhr werden Ihr
Wohlbefinden weiter steigern. Die Körperpflege sollte
Ihre Priorität sein.

Sie müssen Stress und emotionale Schwankungen
in den Griff bekommen, denn Ihre einfühlsame Art
kann zu emotionaler Erschöpfung führen, also müssen
Sie Grenzen setzen.

Überarbeitung kann sich negativ auf Ihre Gesundheit auswirken. Achten Sie deshalb darauf, dass Sie regelmäßig Pausen und Urlaube einlegen, um neue Energie zu tanken. Legen Sie Wert auf ausreichend Schlaf und ganzheitliche Praktiken. Sie können Probleme mit Ihrem Verdauungssystem bekommen und an Gewicht zunehmen.

Einführung

In diesem Buch bieten wir Ihnen verschiedene Zaubersprüche und Rituale an, damit Sie im Jahr 2024 wirtschaftlichen Reichtum in Ihr Leben ziehen können, denn dies wird ein Jahr mit vielen Herausforderungen sein.

Wenn alles bergab zu gehen scheint, kommt geistliche Hilfe zur rechten Zeit.

Magie funktioniert. Die meisten erfolgreichen Menschen, ob Sie es glauben oder nicht, praktizieren sie, natürlich werden sie es Ihnen nicht sagen. Sie haben ihre Triumphe erreicht, weil sie einige der Rituale, die wir Ihnen in diesem Buch anbieten, sorgfältig durchgeführt haben.

Wenn Sie es leid sind, in den letzten Jahren in der Liebe zu scheitern, haben Sie das richtige Buch erworben, denn Ihr Liebesleben wird sich völlig verändern, wenn Sie die von uns empfohlenen Rituale durchführen.

Gesundheitszauber und weißmagische Rituale werden Ihnen helfen, Ihre Gesundheit zu erhalten oder zu verbessern, aber vergessen Sie nie, dass sie weder einen Arzt noch die von ihm verschriebenen Behandlungen ersetzen können.

Gesundheitszauber sind in der Welt der Magie sehr beliebt, nach Liebes- oder Geldzaubern sind Gesundheitszauber aufgrund ihrer hohen Wirksamkeit sehr gefragt, obwohl sie nicht einfach zu wirken sind, denn Gesundheit ist ein heikles Thema.

Es gibt unendlich viele Gründe, warum ein Ritual oder ein Zauberspruch nicht funktioniert, und ohne es zu merken, machen wir Fehler.

Rituelle Energie wird verschwendet, wenn zu viele Menschen wissen, was man tut.

Um positive Ergebnisse zu erzielen, müssen wir sie zum richtigen Zeitpunkt anwenden.

Diese magischen Perioden haben mit der Astrologie zu tun, und wir müssen sie kennen und unsere Rituale für diese Zeiträume programmieren, die am besten geeignet sind, um unsere Magie durchzuführen.

Geld.

Manchmal liegt der wichtigste Grund, warum wir nicht genug Geld haben, nicht in unserer mangelnden Berufsausbildung, unserem Glück oder unserem Schicksal. Er liegt in unserem Unterbewusstsein. Du ziehst an, was du bist. Wenn du wirklich glaubst, dass du es verdienst, genug Geld zu haben, wirst du diese Schwingung an das Universum senden und Geld wird in dein Leben fließen.

Wenn Sie unbewusst glauben, dass Geld schwer zu finden ist oder dass es nur für die wenigen Glücklichen da ist, blockieren Sie den Geldkreislauf in Ihrem Leben.

Finanzielle Wohlstandsblockaden resultieren aus tief verwurzelten Vorstellungen von Armut.

Viele von uns wurden darauf programmiert zu glauben, dass wir hart arbeiten müssen, um ein wohlhabendes Leben zu führen.

Die Wahrheit ist, dass Sie nicht den ganzen Tag hart arbeiten müssen, um in den Genuss von finanziellem Reichtum zu kommen. Sie müssen intelligent arbeiten, damit Sie finanziellen Reichtum und Wohlstand anziehen.

Eine wichtige Voraussetzung, um Wohlstand anzuziehen, ist es, für Ihren Job oder andere

Einkommensquellen, die Sie haben, dankbar zu sein, auch wenn Sie sie jetzt nicht mögen, seien Sie dankbar dafür, dass sie Ihnen helfen, finanziell abgesichert zu bleiben.

Jedes Mal, wenn Sie Geld erhalten, egal wie klein der Betrag ist, danken Sie dem Universum dafür. Wenn ihr euer Bankkonto seht, seid dankbar für das Geld, das in eurem Leben zirkuliert.

Dankbarkeit für das, was Sie haben, hilft Ihnen nicht nur, alles, was Sie haben, zu schätzen und zu genießen, sondern auch, mehr davon in Ihr Leben zu holen.

Januar 2024

Sonntag	Montag	Dienstag	Mittwoch	Donnerstag	Freitag	Samstag
	1	2	3	4	5	6
7	8	9	10	11 Neumond	12	13
14	15	16	17	18	19	20
21	22	23	24	25 Vollmond	26	27
28	29	30	31			

11. Januar 2024, Steinbock-Neumond 20°44'.

25. Januar 2024, Vollmond   Löwe5°14

Die besten Geld-Rituale

Donnerstag, 11. Januar 2024 *(Jupiter-Tag).*
Neumond in Steinbock, ein Zeichen der Stabilität. Ein guter Tag, um unsere Ziele zu organisieren, unsere Berufungen, unsere Karriere, um Auszeichnungen zu erhalten. Um eine Gehaltserhöhung zu bitten, um Präsentationen zu halten, öffentlich zu sprechen. Für Zaubersprüche, die mit Arbeit oder Geld zu tun haben. Rituale im Zusammenhang mit Beförderungen, Beziehungen zu Vorgesetzten und dem Erreichen von Erfolg.

Donnerstag, 25. Januar 2024 *(Venus tag) Günstig für Geldzauber, Liebe und rechtliche Angelegenheiten. Rituale im Zusammenhang mit Wohlstand und dem Erhalt von Arbeitsplätzen.*

Ritual für Glück im Glücksspiel

Auf einem Lotterieschein schreiben Sie den Geldbetrag, den Sie gewinnen möchten, auf die Vorderseite des Scheins und auf die Rückseite Ihren Namen. Verbrenne den Schein mit einer grünen Kerze. Sammle die Asche in einem lila Papier und vergrabe sie.

Geld verdienen mit der Mondschale. Vollmond

Sie benötigen:
- *1 Kristallglas*
- *1 großer Teller*
- *Feiner Sand*
- *Gold-Glitzer*
- *4 Tassen Meersalz*
- *1 Malachit-Quarz*
- *1 Tasse Meer-, Fluss- oder heiliges Wasser*
- *Zimtstangen oder Zimtpulver*
- *Getrocknetes oder frisches Basilikum*
- *Frische oder getrocknete Petersilie*
- *Maiskörner*
- *3 Geldscheine des aktuellen Nennwerts*

Lege die drei gefalteten Geldscheine, Zimtstangen, Maiskörner, Malachit, Basilikum und Petersilie in das Glas. Mischen Sie den Glitter mit dem Sand und geben Sie ihn in das Glas, bis es vollständig gefüllt ist. Platziere im Licht des Vollmonds den Teller mit den vier Schalen Meersalz.

Stellen Sie die Tasse in die Mitte des Tellers, umgeben vom Salz. Gießen Sie die Tasse mit heiligem Wasser auf den Teller, so dass es das Salz gut befeuchtet, lassen Sie es die ganze Nacht im Licht des Vollmonds und einen Teil des Tages, bis das Wasser verdampft und das Salz wieder trocken ist.

Geben Sie vier oder fünf Salzkörner in das Glas und gießen Sie den Rest ein.

Nehmen Sie die Tasse mit in Ihre Wohnung, an einen sichtbaren Ort oder dorthin, wo Sie Ihr Geld aufbewahren.

An jedem Vollmondtag verteilst du ein wenig von dem Inhalt des Bechers in jeder Ecke deines Hauses und fegst ihn am nächsten Tag auf.

Die besten Rituale für die Liebe

Freitag, 19. Januar 2024 (Venus-Tag). Geeignet für Zauber oder Rituale im Zusammenhang mit Liebe, Verträgen und Partnerschaften.

Zauberspruch zur Versüßung Ihrer Geliebten

Du schreibst den vollen Namen der Person, die du liebst, und deinen Namen siebenmal auf braunes Papier.

Sie legen dieses Papier in ein Kristallglas und geben Honig, Zimt, einen Rosenquarz und Stücke von Orangenschalen hinein.

Während du das Ritual durchführst, wiederhole in deinem Kopf: "Ich süße dich und nur wahre Liebe herrscht zwischen uns". Bewahre es an einem dunklen Ort auf.

Ritual zur Anziehung der Liebe

Sie benötigen.

- Rosenöl

- 1 Rosenquarz

- 1 Apfel

- 1 rote Rose in einer kleinen Vase

- 1 weiße Rose in einer kleinen Vase

- 1 lange rote Schleife

- 1 rote Kerze

Für maximale Wirksamkeit sollte dieses Ritual an einem Freitag oder Sonntag zur Zeit des Planeten Venus oder Jupiter durchgeführt werden.

Sie müssen die Kerze vor Beginn des Rituals mit Rosenöl weihen. Zünde die Kerze an. Schneiden Sie den Apfel in zwei Teile und stellen Sie einen in die rote und den anderen in die weiße Rosenvase. Binde das rote Band um die beiden Vasen. Lassen Sie sie die ganze Nacht neben der Kerze stehen, bis die Kerze ausgebrannt ist. Während Sie diese Operation durchführen, wiederholen Sie in Ihrem Geist: "Möge die Person, die dazu bestimmt ist, mich glücklich zu machen, auf meinem Weg erscheinen, ich empfange und akzeptiere sie".

Wenn die Rosen getrocknet sind, vergraben Sie sie zusammen mit den Apfelhälften in Ihrem Garten oder in einem Topf mit dem Rosenquarz.

Um eine unmögliche Liebe anzuziehen

Sie benötigen:
- 1 rote Rose
- 1 weiße Rose
- 1 rote Kerze
- 1 weiße Kerze
- 3 gelbe Kerzen
- Glasbrunnen
- Pentagramm # 4 der Venus

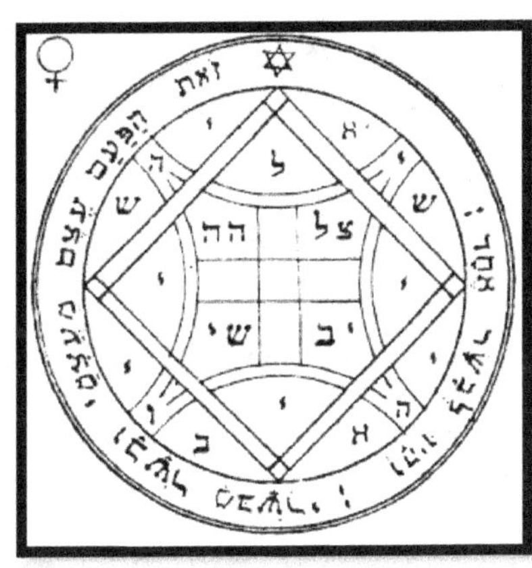

Pentagramm #4 der Venus.

Sie müssen die gelben Kerzen in Form eines Dreiecks aufstellen. Schreiben Sie auf die Rückseite des Venus-Pentakel Ihre Liebeswünsche und den Namen der Person, die Sie in Ihrem Leben haben möchten, und stellen Sie den Brunnen auf das Pentakel in der Mitte. Zünden Sie die rote und die weiße Kerze an und stellen Sie sie zusammen mit den Rosen in den Springbrunnen. Sie wiederholen diesen Satz: "Das Universum lenkt das Licht der Liebe von (vollständiger Name) in mein Herz".

Dies wiederholst du dreimal. Wenn die Kerzen erloschen sind, bringst du alles in den Hof und vergräbst es.

Die besten Rituale für die Gesundheit

Dienstag, 30. Januar 2024 (Mars-Tag). *Um sich zu schützen oder die Gesundheit wiederherzustellen.*

Zauberspruch zum Schutz der Gesundheit unserer Haustiere.

Mineralwasser, Thymian, Rosmarin und Minze aufkochen. Nach dem Abkühlen in eine Sprühflasche geben und vor eine grüne und eine goldene Kerze stellen.

Wenn die Kerzen aufgebraucht sind, sollten Sie dieses Spray neun Tage lang auf Ihr Haustier auftragen. Vor allem auf Brust und Rücken.

Sofortiger Verbesserungszauber

Du musst eine weiße Kerze, eine grüne Kerze und eine gelbe Kerze besorgen.

Du weißt sie (von der Basis bis zum Docht) mit Kiefernessenz und stellst sie auf einen Tisch mit einem hellblauen Tischtuch in Form eines Dreiecks.

In die Mitte stellen Sie einen kleinen Glasbehälter mit Alkohol und einen kleinen Amethysten.

Am Boden des Behälters einen Zettel mit dem Namen des Kranken oder ein Foto mit seinem vollen Namen auf der Rückseite und seinem Geburtsdatum.

Sie zünden die drei Kerzen an und lassen sie brennen, bis sie vollständig verbrannt sind.

Stellen Sie sich bei der Durchführung dieses Rituals vor, dass die Person völlig gesund ist.

Schlankheitszauber

Du musst dir mit einer Nadel in den Finger stechen und 3 Tropfen deines Blutes und einen Löffel Zucker auf ein weißes Papier geben, dann das Papier schließen und das Blut mit dem Zucker umwickeln.
Sie legen dieses Papier in ein neues Glasgefäß, füllen das Glas bis zur Hälfte mit Ihrem Urin, lassen es über Nacht vor einer weißen Kerze stehen und vergraben es am nächsten Tag.

Rituale für den Monat Februar

Februar 2024

Sonntag	Montag	Dienstag	Mittwoch	Donnerstag	Freitag	Samstag
				1	2	3
4	5	6	7	8	9 Neumond	10
11	12	13	14	15	16	17
18	19	20	21	22	23 Vollmond	24
25	26	27	28	29		

9. Februar 2024, Wassermann-Neumond 20°40'.

23. Februar 2024, Vollmond Jungfrau 5°22'.

Die besten Geld-Rituale

9. Februar 2024 (Venus-Tag). In dieser Phase arbeiten wir daran, etwas zu vermehren oder anzuziehen. In diesem Zyklus machen wir Anfragen für die Liebe zu kommen, um das Geld auf unseren Konten oder unsere Arbeit Prestige zu erhöhen.

Ritual zur Steigerung der Kundenzahl. Gambische Mondsichel

Sie benötigen:
- 5 Weinrautenblätter
- 5 Eisenkrautblätter
- 5 Rosmarinblätter
- 5 Körner grobes Meersalz
- 5 Kaffeebohnen
- 5 Weizenkörner
- 1 Magnetstein
- 1 weiße Stofftasche
- Roter Faden
- Rote Tinte
- 1 Visitenkarte
- 1 Topf mit einer großen Grünpflanze
- 4 Citrin-Quarz

Legen Sie alle Materialien in die weiße Tüte, außer dem Magneten, der Karte und den Zitrinen.

Nähen Sie die Tüte mit rotem Faden zu und schreiben Sie dann den Namen des Unternehmens mit roter Tinte auf die Außenseite. Legen Sie die Tüte eine Woche lang unter den Tresen oder in eine Schublade Ihres Schreibtisches.

Nach dieser Zeit vergräbst du ihn zusammen mit dem Magnetstein und der Visitenkarte auf dem Boden des Topfes. Zum Schluss legst du die vier Zitrinen auf die Erde des Topfes in Richtung der vier Himmelsrichtungen.

Wohlstandszauber

Sie benötigen:

- 3 Schwefelkies oder Citrin quarz

- 3 Goldmünzen

- 1 goldene Kerze

- 1 rotes Säckchen

Am ersten Tag des Neumonds stellst du einen Tisch in der Nähe eines Fensters auf, auf den du die Münzen und den Quarz in Form eines Dreiecks legst. Sie zünden die Kerze an, stellen sie in die Mitte und wiederholen mit Blick zum Himmel dreimal das folgende Gebet:

"Mond, der mein Leben erhellt, nutze die Macht, die du hast, um Geld zu mir zu ziehen und diese Münzen zu vermehren."

Wenn die Kerze verbrannt ist, lege die Münzen und den Quarz mit der rechten Hand in den roten Beutel und trage ihn immer bei dir, er wird dein Talisman sein, um Geld anzuziehen, niemand sollte ihn berühren.

Die besten Rituale für die Liebe
11., 22., 25. Februar 2024. Für Zaubersprüche oder Rituale im Zusammenhang mit Liebe, Verträgen und Partnerschaften.

Ritual zur Festigung der Liebe

Dieser Zauber ist während der Vollmondphase am wirksamsten.

Sie benötigen:
- 1 Holzkiste
- Fotografien
- Honig
- Rote Rosenblütenblätter
- 1 Amethyst-Quarz
- Zimtstange

Nehmen Sie die Fotos, schreiben Sie ihre vollständigen Namen und Geburtsdaten auf und legen Sie sie so in die Schachtel, dass sie einander zugewandt sind.

Honig, Rosenblütenblätter, Amethyst und Zimt hinzufügen.

Lege das Kästchen für dreizehn Tage unter dein Bett. Nach dieser Zeit nimm den Amethysten aus der Schachtel und wasche ihn mit Mondwasser.

Du solltest es als Amulett bei dir tragen, um die Liebe anzuziehen, nach der du dich sehst. Den Rest solltest du an einen Fluss oder in einen Wald mitnehmen.

Ritual zur Rettung einer verfallenen Liebe

Sie benötigen:
- 2 rote Kerzen
- 1 Stück gelbes Papier
- 1 roter Umschlag
- 1 roter Bleistift
- 1 Foto des geliebten Menschen und ein Foto von Ihnen
- 1 Metallbehälter
- 1 rote Schleife
- Neue Nähnadel

Dieses Ritual ist am effektivsten während der Mondsichelphase und an einem Freitag zur Zeit des Planeten Venus oder der Sonne. Sie sollten Ihre Kerzen mit Rosenöl oder Zimt weihen.

Sie schreiben auf das gelbe Papier mit dem roten Stift Ihren Namen und den Namen Ihres Partners. Du schreibst auch, was du dir wünschst, mit kurzen, aber präzisen Worten. Schreiben Sie die Namen mit der Nähnadel auf jede Kerze. Zünde die Kerzen an, lege das Papier zwischen die Fotos und verschnüre sie mit dem Band. Verbrennen Sie die Fotos in dem Metallbehälter mit der Kerze, auf der Ihr Name steht, und wiederholen Sie dies laut:

"Unsere wird durch die Kraft des Universums und alle Energien, die in der Zeit existieren, gestärkt".

Legen Sie die Asche in den Umschlag, und wenn die Kerzen verbrannt sind, legen Sie den Umschlag unter Ihre Matratze am Kopfende.

Die besten Rituale für die Gesundheit

4., 12., 19. Februar 2024. Empfehlenswerte Zeiträume für chirurgische Eingriffe, da sie die Heilungsfähigkeit begünstigen.

Ritual für die Gesundheit

Einige weiße Rosenblüten, Rosmarin und Weinraute in einem Topf aufkochen. Wenn es abgekühlt ist, fügen Sie Rosenessenz und Mandelöl hinzu. Zünden Sie fünf violette Kerzen in Ihrem Badezimmer an, die Sie zuvor mit Orangen- und Eukalyptusöl geweiht haben. Auf eine Kerze sollten Sie den Namen der Person schreiben. Nehmen Sie ein Bad mit diesem Wasser, und während Sie baden, müssen Sie visualisieren, dass keine Krankheiten in Ihre Nähe oder in die Ihrer Familie kommen.

Ritual für die Gesundheit in der Mondsichelphase

In eine Alufolie legen Sie Meersalz, 3 Knoblauchzehen, vier Lorbeerblätter, fünf Blätter Weinraute, einen schwarzen Turmalin und einen Zettel mit dem Namen der Person. Falten Sie es und binden Sie es mit einem violetten Band zusammen. Tragen Sie dieses Amulett in Ihrer Jacken- oder Handtasche bei sich.

Maiskörner, Weizenkörner und ein Myrrhe-Räucherwerk.

Du gibst alles in der gleichen Reihenfolge in die Flasche, verschließt sie mit einem Korkdeckel und gießt den Rauch des Räucherwerks hinein. Dann stellst du sie als Dekoration in deine Küche.

Zigeunerzauber für Wohlstand

Nimm einen mittelgroßen Tontopf und streiche ihn grün an. Gib etwas Myrrhe, eine Münze und ein paar Tropfen Olivenöl in den Boden. Bedecke ihn mit einer Schicht Erde und lege die Samen deiner Lieblingspflanze hinein. Füge Zimt und weitere Erde hinzu. Stellen Sie das Gefäß in das Esszimmer Ihres Hauses und gießen Sie es, damit es wächst.

Die besten Rituale für die Liebe

1., 17., 24., 29. März 2024

Ritual zur Beseitigung von Beziehungsproblemen

Dieses Ritual sollte während der Mondfinsternis oder der Vollmondphase praktiziert werden.

Sie benötigen:
- 1 weißes Band
- 1 neue Schere
- 1 Kugelschreiber mit roter Tinte

Auf das weiße Band schreibst du mit roter Tinte das Problem, das du hast, und den Namen der Person. Dann schneidest du es mit der Schere in sieben Stücke und wiederholst es dabei laut:

"Das ist mein Problem. Ich möchte, dass du gehst und nie mehr zurückkommst. Bitte nimm es von mir weg. Das ist richtig."

Legen Sie alles in einen schwarzen Sack und vergraben Sie ihn.

Liebe Bindungen

Sie benötigen:

- Gutes Gras

- Basilikum

- Ganzkörperfoto des geliebten Menschen ohne Brille

- Ganzkörperfoto von Ihnen ohne Brille

- 1 gelbes Seidentaschentuch

- 1 Holzkiste

Legen Sie die beiden Fotos mit dem Namen auf der Rückseite in die Schachtel.

Lege das gelbe Taschentuch hinein und bestreue es mit Basilikum und dem guten Kraut. Lass es den Energien des Mondes ausgesetzt.

Am nächsten Tag vergrabe sie an einem Ort, den niemand kennt. Wenn du das Loch öffnest, visualisiere, was du willst. Wenn der Vollmond kommt, grabe die Kiste aus und wirf sie in einen Fluss oder ins Meer.

Die besten Rituale für die Gesundheit

Jeden Tag außer Samstag.

Zauberspruch gegen Depressionen

Nehmen Sie eine Feige in die rechte Hand und legen Sie sie in die linke Seite Ihres Mundes, ohne sie zu kauen oder zu schlucken.

Dann nimmst du mit deiner linken Hand eine Weintraube und legst sie in die rechte Seite deines Mundes, ohne sie zu kauen. Wenn du beide Früchte im

Mund hast, beißt du gleichzeitig hinein und schluckst sie, der Fruchtzucker, den sie abgeben, gibt dir Energie und Freude.

Erholungszauber

Erforderliche Elemente:

-1 weiße oder rosa Kerze

-Rosenblüten

-Eukalyptusöl

-Zitronenöl

-Orangenöl

Du musst mit einer Nähnadel den Namen der Person schreiben, die den Zauber braucht. Weihe die Kerze mit den Ölen unter dem Vollmond, während du wiederholst: "Erde, Luft, Feuer, Wasser bringen Frieden, Gesundheit, Freude und Liebe in das Leben von (du sagst den Namen der Person)". Lassen Sie die Kerze vollständig ausbrennen. Die Überreste können irgendwo entsorgt werden.

April 2024

Sonntag	Montag	Dienstag	Mittwoch	Donnerstag	Freitag	Samstag
	1	2	3	4	5	6
7	8 Neumond	9	10	11	12	13
14	15	16	17	18	19	20
21	22 Vollmond	23	24	25	26	27
28	29	30				

8. April 2024, Neumond und totale Sonnenfinsternis in Widder19°22   '.

22. April 2024, Vollmond im Skorpion 23°:48'.

Die besten Geld-Rituale

8., 7., 13., 22. April 2024

Zaubern Sie offene Wege zur Fülle.

Sie benötigen:
- *Laurel*
- *Romero*
- *3 Goldmünzen*
- *1 goldene Kerze*
- *Silberkerze*
- *1 weiße Kerze*

Nach 24 Stunden nach Neumond durchführen.

Stellen Sie die Kerzen in Form einer Pyramide auf, legen Sie neben jede Kerze eine Münze und in die Mitte dieses Dreiecks die Lorbeer- und Rosmarinblätter. Zünden Sie die Kerzen in dieser Reihenfolge an: zuerst die silbernen, weißen und goldenen. Wiederholen Sie diese Anrufung: "Mit der Kraft der reinigenden Energie und der unendlichen Energie rufe ich die Hilfe aller Wesenheiten an, die mich beschützen, um meine Wirtschaft zu heilen".

Lassen Sie die Kerzen vollständig ausbrennen und bewahren Sie die Münzen in Ihrer Brieftasche auf; diese drei Münzen können nicht ausgegeben werden.

Wenn Lorbeer und Rosmarin getrocknet sind, verbrennen Sie sie und lassen Sie den Rauch dieser Räucherung durch Ihr Haus oder Ihren Betrieb ziehen.

Die besten Rituale für die Liebe
2., 13., 17. April 2024

Marokkanische Liebesbande

Sie benötigen:
- Speichel der anderen Person
- Das Blut einer anderen Person
- Erde
- Rosenwasser
- 1 rotes Taschentuch
- Roter Faden
- 1 Rosenquarz
- 1 schwarzer Turmalin

Lege das rote Taschentuch auf einen Tisch. Lege die Erde auf das Taschentuch und darauf den Speichel, den Rosenquarz, den schwarzen Turmalin und das Blut der Person, die du anziehen möchtest. Besprenkle alles mit Rosenwasser und binde das Taschentuch mit dem roten Faden zusammen, wobei du darauf achten musst, dass sich die Bestandteile nicht lösen. Dieses Taschentuch musst du vergraben.

Zauberspruch zum Versüßen der Geliebten

Du schreibst den vollen Namen der Person, die du liebst, und deinen Namen siebenmal auf ein braunes Papier. Lege dieses Papier in ein Kristallglas und füge Honig, Zimt, einen Rosenquarz und Stücke von Orangenschale hinzu. Während du das Ritual durchführst, wiederhole in deinem Geist: "Ich süße dich und nur die wahre Liebe regiert zwischen uns". Bewahre es an einem dunklen Ort auf.

Beste Rituale für die Gesundheit

13., 21., 27. April 2024.

Römischer Zauberspruch für gute Gesundheit

Sammle fünf Blätter von Rosmarin, Weinraute und weißen Rosenblättern und koche sie. Lege die Zubereitung, wenn sie abgekühlt ist, für drei Stunden über das dritte Pentagramm des Merkur. Fügen Sie Essenz aus Sandelholz, Rose und Lavendelöl hinzu. Bieten Sie diese Bäder den Schutzengeln des Kindes fünf Tage lang an, indem Sie eine violette Kerze anzünden, um das Negative ins Positive umzuwandeln, das Sie zuvor mit Mandarinenöl weihen müssen.

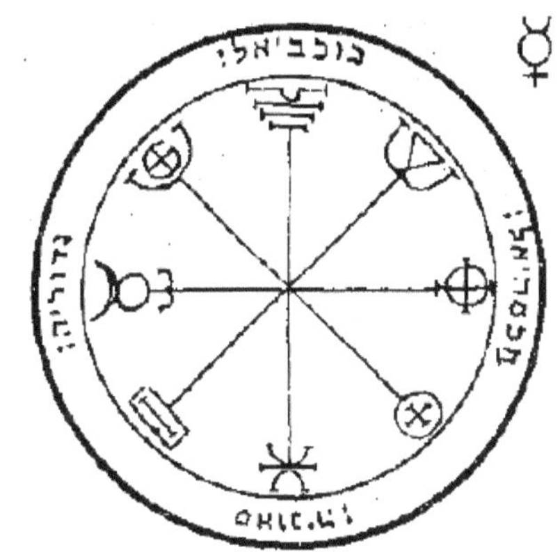

Drittes Merkur-Pentakel

Rituale für den Monat Mai

Mai 2024

Sonntag	Montag	Dienstag	Mittwoch	Donnerstag	Freitag	Samstag
			1	2	3	4
5	6	7	8 Neumond	9	10	11
12	13	14	15	16	17	18
19	20	21	22 Vollmond	23	24	25
26	27	28	29	30	31	

8. Mai 2024, Taurus Neumond 18°01'.

22. Mai 2024, Vollmond Schütze 2°54'.

Die besten Geld-Rituale

6., 13., 21., 25. Mai 2024

"Geldmagnet" Mondsichel

Sie benötigen:

- 1 leeres Weinglas

- 2 grüne Kerzen

- 1 Handvoll weißer Reis

- 12 Münzen als gesetzliches Zahlungsmittel

- 1 Magnet

- Weißer Reis

Du zündest die beiden Kerzen an, die sich auf jeder Seite des Weinglases befinden sollten. Auf den Boden des Glases legst du den Magneten. Dann nimmst du eine Handvoll weißen Reis und legst ihn in das Glas. Dann legt man die zwölf Münzen in das Glas. Wenn die Kerzen zu Ende gebrannt sind, legen Sie die Münzen in die Wohlstandsecke Ihres Hauses oder Geschäfts.

Zauberspruch zur Reinigung von Negativität in Ihrem Haus oder Geschäft.

Sie benötigen:
- *Eierschale*
- *1 Strauß weißer Blumen*
- *Heiliges Wasser oder Vollmondwasser*
- *Milch*
 - *Zimt-Pulver*
 - *Neuer Reinigungseimer*
- *Neuer Mopp*

Sie beginnen damit, Ihre Wohnung oder Ihr Geschäft von innen nach außen zu kehren, indem Sie in Gedanken das Negative raus und das Positive rein lassen. Du mischst alle Zutaten im Eimer und wischst den Boden von innen bis zur Außenseite der Haustür.

Sie lassen den Boden trocknen und fegen die Blumen zur Straßentür, heben sie auf und werfen sie zusammen mit Eimer und Mopp in den Müll. Fassen Sie nichts mit Ihren Händen an. Sie sollten dies einmal pro Woche tun, am besten zur Zeit des Planeten Jupiter.

Die besten Rituale für die Liebe
22. Mai Vollmond.

Unzerbrechliches Band der Liebe

Sie benötigen:
- 1 grünes Band
- 1 roter Marker

Du nimmst das grüne Band und schreibst mit roter Tinte deinen vollen Namen und den Namen der Person, die du liebst. Dann schreibst du dreimal die Worte: Liebe, Venus und Leidenschaft. Sie binden das Band am Kopfende Ihres Bettes fest und machen jede Nacht einen Knoten, neun Nächte lang, hintereinander. Nach dieser Zeit bindest du das Band mit drei Knoten an deinen linken Arm. Wenn es zerreißt, verbrennst du es und wirfst die Asche ins Meer oder an einen Ort, an dem das Wasser fließt.

Ritual, damit ich nur dich liebe

Dieses Ritual ist am effektivsten, wenn man es während der Phase des zunehmenden Gibbons-Monds und an einem Freitag zur Zeit des Planeten Venus durchführt.

Sie benötigen:
- 1 Esslöffel Honig
- 1 Pentagramm # 5 der Venus.

- 1 Kugelschreiber mit roter Tinte
- 1 weiße Kerze
- 1 neue Nähnadel

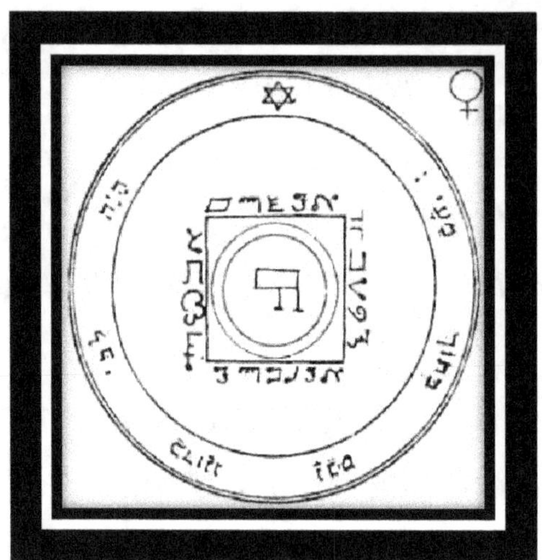

Pentagramm #5 der Venus.

Auf die Rückseite des Venus-Pentakel schreibst du mit roter Tinte den vollen Namen der Person, die du liebst, und wie du möchtest, dass sie sich dir gegenüber verhält, du musst genau sein. Dann befeuchten Sie es mit dem Honig und rollen es um die Kerze herum, so dass es an der Kerze kleben bleibt. Befestige es mit der Nähnadel. Wenn die Kerze verbrannt ist, vergräbst du die Überreste und wiederholst laut: "Die Liebe von (Name) gehört nur mir".

Tee zum Vergessen einer Liebe

Sie benötigen:

- 5 Minzblätter
- 1 Esslöffel Honig
- 3 Zimtstangen

In einer Tasse Wasser sollten Sie alle Zutaten aufkochen und dann ruhen lassen. Trinken Sie es und denken Sie dabei an all den Schaden, den diese Person Ihnen zugefügt hat. Männer sollten es am Dienstag- oder Mittwochabend vor dem Schlafengehen einnehmen und Frauen am Montag oder Freitag vor dem Schlafengehen.

Nagelritual für die Liebe

Du musst deine Finger- und Zehennägel schneiden und sie in einem Metalltopf bei mittlerer Hitze rösten, um alle Rückstände dieser Nägel zu entfernen. Du nimmst sie heraus und mahlst sie zu Pulver. Dieses Pulver gibst du deinem Partner in dein Getränk oder deine Mahlzeit.

.

Die besten Rituale für die Gesundheit
Jeder Tag im Mai 2024. Außer samstags.

Zauberformel für strahlende Haut

Mischen Sie acht Esslöffel Honig, acht Teelöffel Olivenöl, acht Esslöffel braunen Zucker, eine geriebene Zitronenschale und vier Tropfen Zitrone. Wenn eine glatte Masse entstanden ist, tragen Sie sie auf den ganzen Körper auf und massieren Sie sie fünf Minuten lang.

Dann baden Sie und wechseln zwischen heißem und kaltem Wasser.

Zauberspruch für Zahnschmerzen heilen

Du musst mit Meersalz einen fünfzackigen Stern machen, der groß ist, weil du in der Mitte stehen musst.

 Auf jede Spitze stellen Sie eine schwarze Kerze und das Symbol des Tetragrammatons (Sie können das Bild ausdrucken), Rosmarinblätter, Lorbeerblätter, Apfelschalen und Lavendelblätter.

Wenn es 12:00 Uhr ist, stellst du dich in die Mitte, zündest die Kerzen an und wiederholst das Ganze:

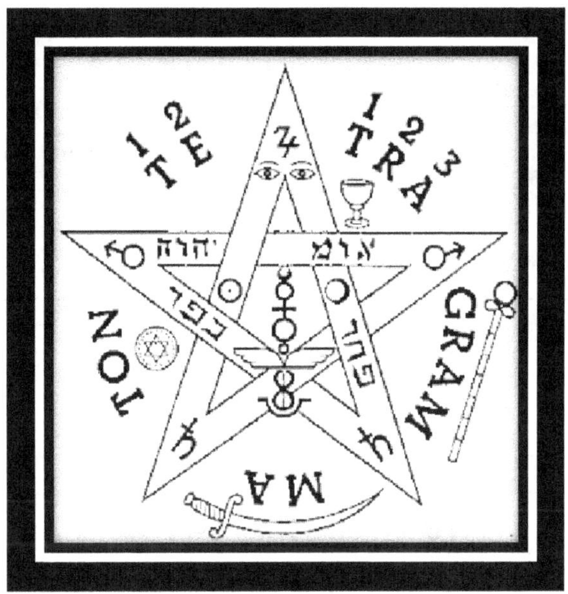

Symbol des Tetragrammatons

Rituale für den Monat Juni

Juni 2024

Sonntag	Montag	Dienstag	Mittwoch	Donnerstag	Freitag	Samstag
						1
2	3	4	5	6 Neumond	7	8
9	10	11	12	13	14	15
16	17	18	19	20 Vollmond	21	22
23	24	25	26	27	28	29
30						

6. Juni 2024, Zwillinge Neumond 16°17'.

20. Juni 2024, Vollmond im Steinbock 1°06'.

Die besten Geld-Rituale

6, 13, 20 und 27 sind Donnerstage, Jupitertage.

Zigeuner-Wohlstandszauber

.

Nimm einen mittelgroßen Tontopf und streiche ihn grün an. Gib etwas Myrrhe, eine Münze und ein paar Tropfen Olivenöl in den Boden. Bedecke ihn mit einer Schicht Erde und lege die Samen deiner Lieblingspflanze hinein.

Füge Zimt und weitere Erde hinzu. Stellen Sie das Gefäß in das Esszimmer Ihres Hauses und gießen Sie es, damit es wächst.

Magische Begasung zur Verbesserung der Wirtschaftlichkeit Ihres Hauses.

Sie müssen drei Kohlen in einem Metall- oder Tongefäß anzünden und einen Löffel Zimt, Rosmarin und getrocknete Apfelschalen hinzufügen. Das Gefäß wird im Uhrzeigersinn um das Haus herumgereicht.

Legen Sie dann weiße Rosenblüten in einen Eimer mit Wasser und lassen Sie es drei Stunden lang stehen.

Mit diesem Wasser werden Sie Ihr Haus reinigen.

Wunderessenz, um Arbeit anzuziehen.

Geben Sie 32 Tropfen Alkohol, 20 Tropfen Rosenwasser, 10 Tropfen Lavendelwasser und einige Jasmin Blätter in eine dunkle Glasflasche.

Sie schütteln ihn mehrmals und überlegen, was Sie anziehen wollen.

Wenn Sie es in einen Diffusor geben, können Sie es für Ihr Zuhause, Ihr Geschäft oder als persönliches Parfüm verwenden.

Zauber, um unsere Hände zu waschen und Geld anzuziehen.

Sie brauchen einen Tontopf, Honig und Vollmondwasser.

Waschen Sie Ihre Hände mit dieser Flüssigkeit, aber lassen Sie das Wasser in der Pfanne.

Dann lassen Sie den Topf vor einem wohlhabenden Geschäft oder einem Spielkasino stehen.

Die besten Rituale für die Liebe
Jeder Tag im Juni 2024. Außer samstags.

Ritual zur Verhinderung von Trennungen

Sie benötigen:
- 1 Topf mit roten Blumen
- Honig
- Pentagramm Nr. 1 der Venus
- 1 rote Pyramidenkerze
- Foto des geliebten Menschen
- 7 gelbe Kerzen

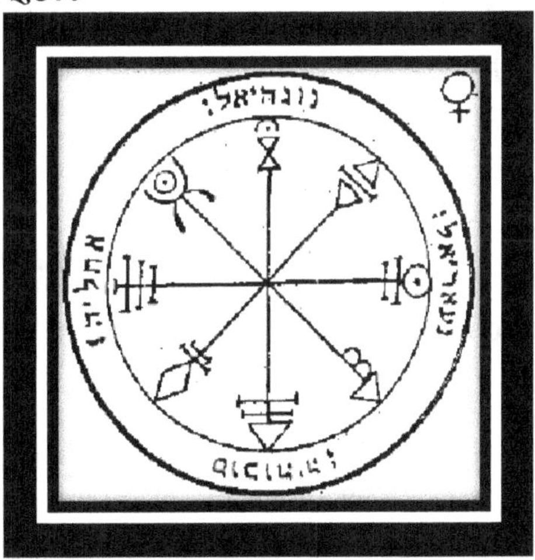

Pentagramm 1 der Venus.

Du musst die sieben gelben Kerzen in Form eines Kreises anzünden. Dann schreibst du hinter das Pentagramm der Venus die folgende Beschwörungsformel:

"Ich bitte dich, mich ein Leben lang zu lieben, mein Liebster" und den Namen der anderen Person. Du vergräbst dieses Pentagramm im Blumentopf, nachdem du es zusammen mit dem Foto in fünf Teile gefaltet hast. Zünden Sie die rote Kerze an und gießen Sie den Honig auf die Erde des Topfes.

Während dieser Operation wiederholst du laut der folgenden Beschwörungsformel: "Dank der Macht der Liebe beten wir, dass (Name der Person) mit dem Gefühl der wahren Liebe, die die meine ist, bewahrt wird, so dass niemand und keine Kraft uns trennen kann".

Wenn die Kerzen ausbrennen, wirst du die Reste in den Müll. Sie halten den Topf in Reichweite und kümmern sich um ihn.

Erotischer Zauber

Du musst eine rote Kerze in Form eines Penis oder einer Vagina besorgen (je nach Geschlecht der Person, die den Zauber ausspricht). Du schreibst den Namen der anderen Person auf die Kerze.

Sie müssen es mit Sonnenblumenöl und Zimt weihen.

Sie sollten es einmal am Tag anzünden und nur zwei Zentimeter abbrennen lassen.

Wenn die Kerze vollständig abgebrannt ist, gib die Überreste zusammen mit dem Mars-Pentakel #4 in einen roten Stoffbeutel.

Dieses Säckchen sollte fünfzehn Tage lang unter der Matratze aufbewahrt werden.

Nach dieser Zeit können Sie es im Müll entsorgen.

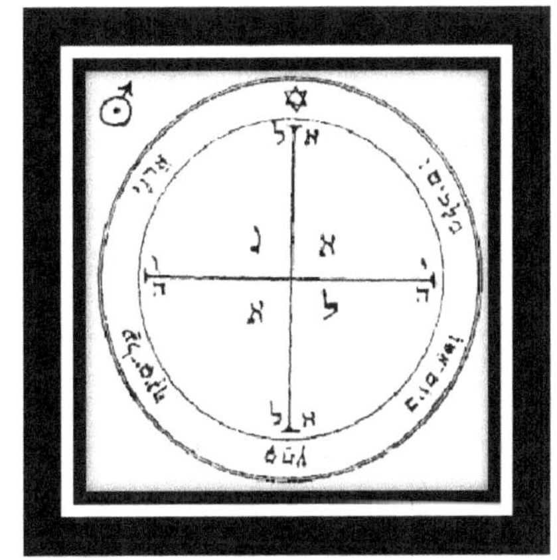

Pentagramm #4 Mars

Ritual mit Eiern für die Anziehung

Sie benötigen:
- 4 Eier
- Gelbe Farbe

Du musst die vier Eier gelb anmalen und das Wort "Er kommt zu mir" schreiben.

Man nimmt zwei Eier und schlägt sie in den vorderen Ecken des Hauses der Person auf, die man anlocken möchte.

Du zerschlägst ein weiteres Ei vor dem Haus dieser Person. Am dritten Tag wirfst du das vierte Ei in einen Fluss.

Afrikanischer Liebeszauber

Sie benötigen:
- 1 Ei
- 5 rote Kerzen
- 1 schwarzes Taschentuch
- Kürbis
- Zimtöl
- 5 Nähnadeln
- Bienenhonig

- Olivenöl
- 5 Stücke Brotteig
- Guineapfeffer

Du öffnest ein Loch im Kürbis, schreibst den vollständigen Namen der Person, die du anlocken willst, auf ein Stück Papier und steckst es in den Kürbis.

Ich steche den Kürbis mit den Nadeln an und wiederhole den Namen dieser Person. Füllen Sie die restlichen Zutaten in den Kürbis und wickeln Sie ihn in das schwarze Tuch. Lassen Sie den Kürbis fünf Tage lang auf diese Weise eingewickelt vor den roten Kerzen stehen, eine pro Tag.

Am sechsten Tag vergräbst du den Kürbis am Ufer eines Flusses.

Die besten Rituale für die Gesundheit
Irgendein Tag im Juni 2024

Schlankheitszauber

Du musst dir mit einer Nadel in den Finger stechen und 3 Tropfen deines Blutes und einen Löffel Zucker auf ein weißes Papier geben, dann das Papier schließen und das Blut mit dem Zucker umwickeln.

Sie legen dieses Papier in ein neues Glasgefäß, füllen das Glas bis zur Hälfte mit Ihrem Urin, stellen es über Nacht vor eine weiße Kerze und vergraben es am nächsten Tag.

Zauberspruch zur Erhaltung der Gesundheit

Erforderliche Elemente.

-1 weiße Kerze.

-1 Heilige Karte des Engels deiner Verehrung.

-3   Sandelholz-Weihrauch.

-Gemüsekohlenstoffe.

-Getrocknete Kräuter   von Eukalyptus und Basilikum.

-Eine   Handvoll Reis, eine Handvoll Weizen.

-1 weißer Teller oder Tablett.

-8   rosa Rosenblütenblätter.

-1 Parfümflasche, persönlich.

-1 Holzkiste.

Sie sollten die Umgebung reinigen, indem Sie die Pflanzenkohle in einem Metallbehälter anzünden. Wenn die Kohlen gut angezündet sind, legen Sie nach und nach die trockenen Kräuter darauf und gehen mit dem Behälter durch den Raum, damit die negativen Energien beseitigt werden.

Wenn das Räuchern beendet ist, müssen Sie die Fenster öffnen, damit sich der Rauch verflüchtigt.

Bereiten Sie einen Altar auf einem mit einem weißen Tischtuch bedeckten Tisch vor. Lege die gewählte heilige Karte darauf und lege die drei Räucherstäbchen in Form eines Dreiecks um sie herum. Weihe die weiße Kerze, zünde sie an und stelle sie zusammen mit dem unbedeckten Parfüm vor den Engel.

Sie müssen entspannt sein, dazu müssen Sie sich auf Ihre Atmung konzentrieren. Visualisieren Sie Ihren Engel und danken Sie ihm für all die gute Gesundheit, die Sie haben und immer haben werden, diese Dankbarkeit muss tief aus Ihrem Herzen kommen.

Nach der Danksagung gibst du ihm die Handvoll Reis und die Handvoll Weizen als Opfergabe, die du in das Tablett oder den weißen Teller legen solltest.

Streuen Sie alle Rosenblätter über den Altar und danken Sie erneut für die empfangenen Gaben. Sobald die Danksagung beendet ist, lassen Sie die Kerze brennen, bis sie vollständig verbrannt ist. Als Letztes sammelt man alle Reste der Kerze, des Weihrauchs, des Reises und des Weizens ein, steckt sie in eine Plastiktüte und wirft sie an einen Ort, an dem es Bäume gibt, ohne die Tüte.

Legen Sie den Engelstempel zusammen mit den Rosenblättern in die Schachtel und stellen Sie sie an einen sicheren Ort in Ihrem Zuhause.

Das energetisierte Parfüm, verwenden Sie es, wenn Sie das Gefühl haben, dass die Energien nachlassen, während Sie Ihren Engel visualisieren und um ihren Schutz bitten.

Schutzbad vor einem chirurgischen Eingriff

Erforderliche Elemente:

- Purpurglocke

- Kokosnuss-Wasser

- Schale

- Köln 1800

- Immer lebendig

- *Minzblätter*

- *Rautenblätter*

- *Rosmarin-Blätter*

- *Weiße Kerze*

- *Lavendelöl*

Kochen Sie alle Pflanzen im Kokosnusswasser, seien Sie es ab, fügen Sie die Schale, das Kölnisch Wasser und das Lavendelöl hinzu und zünden Sie die Kerze im westlichen Teil Ihres Badezimmers an. Gießen Sie die Mischung in das Badewasser. Wenn Sie keine Badewanne haben, gießen Sie es über sich selbst und trocknen Sie sich nicht ab.

Rituale für den Monat Juli

Juli 2024

Sonntag	Montag	Dienstag	Mittwoch	Donnerstag	Freitag	Samstag
	1	2	3	4	5	6 Neumond
7	8	9	10	11	12	13
14	15	16	17	18	19	20 Vollmond
21	22	23	24	25	26	27
28	29	30	31			

6. Juli 2024, Krebs-Neumond 14°23'.

20. Juli 2024, Vollmond im Steinbock 29°08'.

Die besten Geld-Rituale

Am 6., 20. und 22. Juli tritt die Sonne in den Löwen ein.

Reinigen, um Kunden zu gewinnen.

Zehn geschälte Haselnüsse und einen Zweig Petersilie in einem Mörser und Stößel zerstoßen.

Kochen Sie zwei Liter Vollmondwasser und fügen Sie die zerkleinerten Zutaten hinzu. Lasse es 10 Minuten lang kochen und seihe es dann ab.

Mit diesem Aufguss reinigen Sie den Boden Ihres Unternehmens, von der Eingangstür bis zum Boden.

Wiederholen Sie diese Reinigung einen Monat lang jeden Montag und Donnerstag, wenn möglich, zur Zeit des Planeten Merkur.

Zieht materiellen Reichtum an. Mond im Halbmondviertel

Sie benötigen:

- 1 Goldmünze oder ein goldener Gegenstand, ohne Steine.

- 1 Kupfermünze

- 1 Silbermünze

Gehen Sie in einer Mondsichelnacht mit den Münzen in der Hand an einen Ort, an dem sie von den Mondstrahlen beleuchtet werden.

Mit erhobenen Händen wiederholst du: "Mond, hilf mir, dass mein Vermögen immer wächst und der Wohlstand mich immer begleitet".

Lassen Sie die Münzen in Ihren Händen klingeln.

Dann bewahren Sie sie in Ihrer Brieftasche auf. Sie können dieses Ritual jeden Monat wiederholen.

Zauberspruch zur Schaffung eines wirtschaftlichen Schutzschildes für Ihr Unternehmen oder Ihre Arbeit.

Sie benötigen:
- 5 gelbe Blütenblätter
- Sonnenblumenkerne
- Sonnengetrocknete Zitronenschalen
- Weizenmehl
- 3 Münzen des allgemeinen Gebrauchs

Die gelben Blüten und Sonnenblumenkerne in einem Mörser zerstoßen, dann die Zitronenschale und das Weizenmehl hinzufügen.

Mischen Sie die Zutaten gut und bewahren Sie sie zusammen mit den drei Münzen in einem hermetisch verschlossenen Glas auf.

Dieses Präparat sollte jeden Morgen vor dem Verlassen des Hauses angewendet werden.

Führen Sie zuerst die Fingerspitzen der fünf Finger der linken Hand und dann die der rechten Hand in die Flasche ein und verreiben Sie sie dann an den Handflächen.

Die besten Rituale für die Liebe

An einem beliebigen Tag im Juli.

Express-Geld-Zauber.

Dieser Zauber ist am wirksamsten, wenn er an einem Donnerstag gewirkt wird.

Du füllst eine Glasschale mit Reis.

Dann zünden Sie eine grüne Kerze an (die Sie zuvor geweiht haben müssen) und stellen sie in die Mitte des Brunnens.

Sie zünden den Zimtweihrauch an und umkreisen den Brunnen mit seinem Rauch sechsmal im Uhrzeigersinn.

Wiederholen Sie während dieser Prozedur im Geiste: "Ich öffne meinen Geist und mein Herz für den Reichtum.

Die Fülle kommt zu mir, jetzt und alles ist gut.

Das Universum strahlt jetzt Reichtum in mein Leben". Die Reste können Sie im Müll entsorgen.

Badezimmer zur Erzielung eines finanziellen Gewinns

Sie benötigen:

- 1 Rauten pflanze

- Blumiges Wasser

- 5 gelbe Blüten

- 5 Esslöffel Honig

- 5 Zimtstangen

- 5 Tropfen Sandelholz-Essenz

- 1 Stäbchen Sandelholz-Weihrauch

Am ersten Tag der Mondsichel, während einer für den Wohlstand günstigen Stunde, koche alle Zutaten fünf Minuten lang, außer dem Aguaflorida und dem Weihrauch. Teilt dieses Bad, denn ihr müsst es fünf Tage lang machen. Das Bad, dass du nicht *verwendest, solltest du kaltstellen. Geben Sie etwas Aguaflorida in die Zubereitung und zünden Sie den Weihrauch an. Nimm ein Bad und spüle es wie üblich ab. Lassen Sie das Präparat langsam vom Hals bis zu den Füßen fallen. Machen Sie dies an fünf aufeinanderfolgenden Tagen.*

Die besten Rituale für die Gesundheit

An einem beliebigen Tag im Juli.

Zauberspruch gegen chronische Schmerzen.

Erforderliche Elemente:

-1 goldene Kerze

-1 weiße Kerze

-1 grüne Kerze

-1 Schwarzer Turmalin

-1 Foto von Ihnen oder einem persönlichen Gegenstand

1 Glas Luna-Wasser

-Foto der Person oder des persönlichen Gegenstands

Stellen Sie die 3 Kerzen in einer Dreiecksform auf und platzieren Sie das Foto oder den persönlichen Gegenstand in der Mitte. Stellen Sie das Glas mit Mondwasser auf das Foto und gießen Sie den Turmalin hinein. Dann zündest du die Kerzen an und wiederholst die folgende Beschwörungsformel: "Ich zünde diese Kerze an, um meine Genesung zu erreichen, und rufe meine inneren Feuer und die schützenden Salamander und Undinen an, um diesen Schmerz und dieses Unbehagen in heilende Energie der Gesundheit und des Wohlbefindens umzuwandeln. Wiederholen Sie dieses Gebet 3 Mal. Wenn du das Gebet beendet hast, nimm das Glas, nimm den Turmalin heraus und gieße das Wasser in einen Abfluss des Hauses, lösche die Kerzen mit deinen Fingern und behalte sie, um diesen Zauber zu wiederholen, bis du vollständig genesen bist. Der Turmalin kann als Amulett für die Gesundheit verwendet werden.

Sofortiger Verbesserungszauber

Du musst eine weiße Kerze, eine grüne Kerze und eine gelbe Kerze besorgen. Du weißt sie (von der Basis bis zum Docht) mit Kiefernessenz und stellst sie in Form eines Dreiecks auf einen Tisch mit einem hellblauen Tischtuch. In die Mitte stellen Sie ein kleines

Glasgefäß mit Alkohol und einem kleinen Amethysten. Auf den Boden des Behälters legen Sie ein Stück Papier mit dem Namen des Kranken oder ein Foto mit seinem vollen Namen auf der Rückseite und seinem Geburtsdatum. Zünden Sie die drei Kerzen an und lassen Sie sie brennen, bis sie vollständig verbrannt sind. Stellen Sie sich während dieses Rituals vor, dass die Person völlig gesund ist.

August 2024

Sonntag	Montag	Dienstag	Mittwoch	Donnerstag	Freitag	Samstag
				1	2	3
4 Neumond	5	6	7	8	9	10
11	12	13	14	15	16	17
18 Vollmond	19	20	21	22	23	24
25	26	27	28	29	30	31

4. August 2024, Neumond Löwe 12°33'.

18. August 2024, Vollmond Wassermann 27°14'.

Die besten Geld-Rituale

4. und 5. August 2024

Magic Mirror für Geld. Vollmond

Besorge dir einen Spiegel mit einem Durchmesser von 40 bis 50 cm und male den Rahmen schwarz an. Wasche den Spiegel mit Weihwasser und bedecke ihn mit einem schwarzen Tuch.

In der ersten Nacht des Vollmonds setze ihn den Mondstrahlen aus, so dass du die gesamte Mondscheibe im Spiegel sehen kannst. Bitte den Mond, diesen Spiegel zu weihen, um deine Wünsche zu erleuchten.

In der nächsten Vollmondnacht zeichne mit einem Lippenstift 7-mal das Geldsymbol ($$$$$$$).

Schließen Sie die Augen und stellen Sie sich vor, dass Sie über all den materiellen Reichtum verfügen, den Sie sich wünschen. Lassen Sie die Symbole bis zum nächsten Morgen gezeichnet.

Dann reinigst du den Spiegel mit Weihwasser, bis keine Spuren mehr von der verwendeten Farbe zu sehen sind. Legen Sie den Spiegel an einen Ort zurück, an dem ihn niemand berührt.

Du musst die Energie des Spiegels dreimal im Jahr bei Vollmond aufladen, um den Zauber wiederholen zu können.

Wenn Sie dies zu einer planetarischen Stunde tun, die mit Wohlstand zu tun hat, fügen Sie Ihrer Absicht Superenergie hinzu.

Ritual zur Beschleunigung des Verkaufs. Neumond

Dies ist ein wirksames Rezept für den Schutz des Geldes, die Vermehrung des Umsatzes in Ihrem Unternehmen und die energetische Heilung des Ortes.

Sie benötigen:

-1 grüne Kerze
-1 Münze
- Meersalz
-1 Prise scharfer Pfeffer

Sie sollten dieses Ritual an einem Donnerstag oder Sonntag zur Zeit des Planeten Jupiter oder der Sonne durchführen.

Es sollten sich keine weiteren Personen in den Geschäftsräumen aufhalten.

Zünden Sie die Kerze an und legen Sie die Münze, eine Handvoll Salz und eine Prise scharfen Pfeffer in Form eines Dreiecks um die Kerze.

Es ist wichtig, dass Sie den Pfeffer auf der rechten Seite und die Handvoll Salz auf der linken Seite platzieren. Die Münze sollte sich an der Spitze der Pyramide befinden.

Bleiben Sie ein paar Minuten vor der Kerze stehen und visualisieren Sie alles, was Sie sich an Wohlstand wünschen.

Die Reste können weggeworfen werden, die Münze wird zum Schutz in Ihrer Geschäftsstelle aufbewahrt.

Die besten Rituale für die Liebe
Jeder Freitag, der Tag der Venus.

Die besten Rituale für die Liebe

7., 14., 21., 28. und 31. Juli.

Zauberspruch, damit jemand an dich denkt

Besorgen Sie sich einen kleinen Spiegel, den wir Frauen zum Schminken benutzen, und stellen Sie ein Bild von sich selbst hinter den Spiegel.

Dann nimmst du ein Foto der Person, die du an dich denken möchtest, und legst es mit der Vorderseite nach unten vor den Spiegel (so dass sich die beiden Fotos gegenüberstehen und der Spiegel dazwischen ist).

Umwickeln Sie den Spiegel mit einem roten Tuch und binden Sie es mit einem roten Faden fest, damit die Fotos nicht verrutschen können.

Diese sollte gut versteckt unter dem Bett platziert werden.

Zauberspruch, um ein Magnet zu werden

Um eine magnetische Aura zu haben und Frauen oder Männer anzuziehen, muss man einen gelben Beutel machen, der das Herz einer weißen Taube und die Augen einer gepuderten Schildkröte enthält.

Dieser Beutel sollte in der rechten Hosentasche getragen werden, wenn Sie ein Mann sind.

Frauen tragen den gleichen Beutel, allerdings im BH auf der linken Seite.

Die besten Rituale für die Gesundheit

Am 23. August tritt die Sonne in die Jungfrau ein.

Rituelles Bad mit bitteren Kräutern

Dieses Ritual wird angewendet, wenn die Person so stark verhext wurde, dass ihr Leben in Gefahr ist.

Erforderliche Elemente:
- *7 Myrtenblätter*
- *Granatapfelsaft*
- *Ziegenmilch*
- *Meersalz*
- *Heiliges Wasser*
- *Schale*
- *8 Blätter der Mauerbrecher pflanze*

Die Ziegenmilch in ein großes Gefäß gießen, den Granatapfelsaft, das Weihwasser, die Pflanzen, das Meersalz und die Schale hinzufügen.

Lassen Sie diese Zubereitung drei Stunden lang vor einer weißen Kerze stehen und gießen Sie sie dann auf Ihren Kopf. Man sollte so schlafen und am nächsten Tag abspülen.

Rituale für den Monat September

September 2024

Sonntag	Montag	Dienstag	Mittwoch	Donnerstag	Freitag	Samstag
1	2	3 Neumond	4	5	6	7
8	9	10	11	12	13	14
15	16	17 Vollmond	18	19	20	21
22	23	24	25	26	27	28
29	30					

3. September 2024, Jungfrau-Neumond 11°03'.

17. September 2024, Vollmond und partielle Sonnenfinsternis in den Fischen 25°40'

Die besten Geld-Rituale

3., 13., 20. September 2024

Ritual, um in drei Tagen Geld zu bekommen.

Nimm fünf Zimtstangen, eine getrocknete Orangenschale, einen Liter Vollmondwasser und eine Silberkerze. Koche den Zimt und die Orangenschale in dem Vollmondwasser. Wenn es abgekühlt ist, gib es in eine Sprühflasche. Zünde die Kerze im nördlichen Teil des Wohnzimmers deines Hauses an und besprühe alle Räume mit der Flüssigkeit. Wiederhole dabei in deinem Geist: "Die Geistführer beschützen mein Haus und lassen mich das Geld, das ich brauche, sofort erhalten".

Wenn Sie fertig sind, lassen Sie die Kerze brennen.

Geld mit einem Weißen Elefanten

Kaufen Sie einen weißen Elefanten, bei dem der Rüssel nach oben zeigt.

Platzieren Sie es mit Blick auf das Innere Ihrer Wohnung oder Ihres Geschäfts, niemals vor den Türen.

Legen Sie am ersten Tag eines jeden Monats einen Geldschein mit dem niedrigsten Wert in den Rüssel des Elefanten, falten Sie ihn der Länge nach in zwei Teile und wiederholen Sie: "Möge er sich mit 100 verdoppeln"; dann falten Sie ihn erneut der Breite nach und wiederholen Sie: "Möge er sich mit tausend multiplizieren".

Falten Sie den Schein auf und lassen Sie ihn bis zum nächsten Monat im Rüssel des Elefanten.

Wiederholen Sie das Ritual, indem Sie die Banknoten wechseln.

Ritual des Lottogewinns.

Sie benötigen:
- 2 grüne Kerzen
- 12 Münzen (für die zwölf Monate des Jahres)
- 1 Mandarine
- Zimtstange
- Blütenblätter von 2 roten Rosen
-1 Weithals-Glasgefäß mit Deckel
-1 alter Lottoschein
- Vollmond Wasser

Lege die Mandarine, den Lottoschein, die Münzen, die Blütenblätter und den Zimt in das Glas, bedecke es mit dem Mondwasser und decke es zu. Auf den Deckel des Glases stellst du die Kerze und zündest sie an. Am nächsten Tag ersetzen Sie die Kerze durch eine neue und am dritten Tag decken Sie das Gefäß auf und werfen alles weg, bis auf die Münzen, die als Amulett dienen werden. Behalten Sie eine in Ihrer Brieftasche und lassen Sie die anderen elf zu Hause. Am Ende des Jahres müssen Sie die Münzen ausgeben.

Die besten Rituale für die Liebe
Jeden Freitag im September 2024

Ritual zur Beseitigung von Argumenten

Du schreibst auf ein Blatt Papier die vollständigen Namen von dir und deinem Partner. Legen Sie es unter eine Pyramide aus Rosenquarz und wiederholen Sie in Gedanken: "Ich (Ihr Name) bin in Frieden und Harmonie mit meinem Partner (Name Ihres Partners), die Liebe umgibt uns jetzt und immer".

Diese Pyramide mit den Namen sollte in der Liebeszone deines Hauses aufbewahrt werden. Die untere rechte Ecke von der Eingangstür ist die Zone der Paare, der Liebe, der Ehe oder der Beziehungen.

Ein Ritual, das in der Liebe erwidert wird.

Für einen Zeitraum von fünf Tagen und zur gleichen Zeit sollten Sie eine Pyramide auf dem Boden mit roten Rosenblättern machen. In eine grüne Kerze schreibt man den Namen der Person, die man lieben möchte, zündet sie an und stellt sie in die Mitte der Pyramide, über das Pentagramm #3 der Venus.

Sie sitzen vor dieser Pyramide und wiederholen im Geiste: "Ich rufe alle Urkräfte des Universums an, damit (Name der Person) meiner Liebe entspricht". Nach dieser Zeit können Sie die Reste der Kerzen in den Müll werfen und das Pentagramm verbrennen.

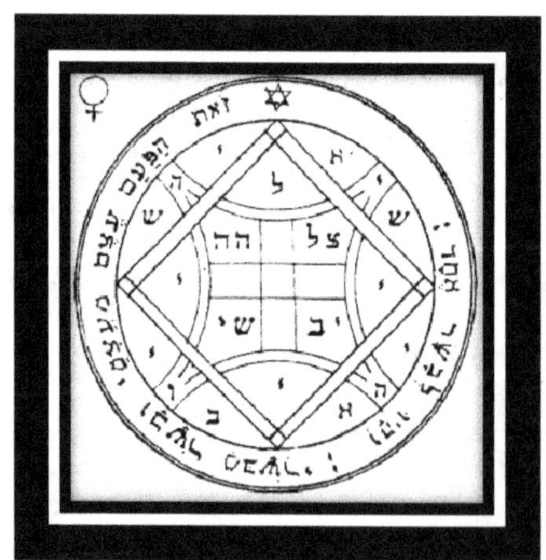

Pentagramm # 3 Venus.

Die besten Rituale für die Gesundheit

Jeder Tag im September. Vorzugsweise Montag und Freitag.

Heilendes Bad

Erforderliche Elemente:

- *Aubergine*
- *Salbei*
- *Ruda*
- *Aguardiente*
- *Schale*
- *Florida Wasser*
- *Regenwasser*
- *Grüne Kerze (wenn sie in Pyramidenform ist, wirksamer)*

Dieses Bad ist effektiver, wenn Sie es an einem Sonntag zur Zeit der Sonne oder des Jupiters durchführen. Schneiden Sie die Aubergine in kleine Stücke und legen Sie sie in einen großen Topf.

Dann den Salbei und die Weinraute im Regenwasser kochen. Gieße die Flüssigkeit über die

Auberginenstücke, gib den Aguaflorida, den Brandy und die Schale hinzu und zünde die Kerze an. Gießen Sie die Mischung in das Badewasser. Wenn du keine Badewanne hast, schüttest du es obendrauf und trocknest dich an der Luft ab, d.h. du benutzt kein Handtuch.

Schutzbad vor chirurgischen Eingriffen

Erforderliche Elemente:

- *Purpurglocke*
- *Kokosnuss-Wasser*
- *Schale*
- *Köln 1800*
- *Immer lebendig*
- *Minzblätter*
- *Rautenblätter*
- *Rosmarin-Blätter*
- *Weiße Kerze*
- *Lavendelöl*

Dieses Bad ist am effektivsten, wenn Sie es an einem Donnerstag zur Zeit des Mondes oder des Mars machen.

Du kochst alle Pflanzen im Kokosnusswasser, wenn es abgekühlt ist, siehst du es ab und fügst die Schale, Eau de Cologne und Lavendelöl hinzu und zündest die Kerze im westlichen Teil deines Badezimmers an.

Gießen Sie die Mischung in das Badewasser. Wenn Sie keine Badewanne haben, gießen Sie es über sich selbst und trocknen Sie sich nicht ab.

Oktober 2024

Sonntag	Montag	Dienstag	Mittwoch	Donnerstag	Freitag	Samstag
		1	2 Neumond	3	4	5
6	7	8	9	10	11	12
13	14	15	16 Vollmond	17	18	19
20	21	22	23	24	25	26
27	28	29	30	31		

2. Oktober 2024, ringförmige Sonnenfinsternis in Waage und Neumond 10°02'.

16. Oktober 2024, Widder Vollmond 24°34

2., 17., 31. Oktober 2024.

Zauberspruch mit Zucker und Meerwasser für Wohlstand.

Sie benötigen:
- Seewasser
- 3 Esslöffel Zucker
- 1 blauer Glasbecher

Füllen Sie die Tasse mit Meerwasser und Zucker, lassen Sie sie in der ersten Vollmondnacht im Freien stehen und nehmen Sie sie um 6:00 Uhr morgens aus dem Freien.

Dann öffnest du die Türen deines Hauses und fängst an, das Zuckerwasser vom Eingang bis zum Boden zu besprühen, benutze eine Sprühflasche, während du das tust, musst du in deinem Geist wiederholen: "Ich ziehe all den Wohlstand und Reichtum in mein Leben, von dem das Universum weiß, dass ich ihn verdiene, danke, danke, danke".

Der Zimt

Er wird zur Reinigung des Körpers verwendet. In bestimmten Kulturen glaubt man, dass seine Kraft darin besteht, zur Unsterblichkeit zu verhelfen. Aus magischer Sicht wird Zimt aufgrund seiner weiblichen Tendenz mit der Kraft des Mondes in Verbindung gebracht.

Ritual zum sofortigen Anziehen von Geld.

Sie benötigen:
- 5 Zimtstangen
- 1 getrocknete Orangenschale
- 1 Liter Weihwasser
- 1 grüne Kerze

Zimt, Orangenschale und einen Liter Wasser zum Kochen bringen und die Mischung abkühlen lassen. Gießen Sie die Flüssigkeit in eine Sprühflasche.

Zünden Sie die Kerze im nördlichen Teil des Wohnzimmers Ihres Hauses an und besprühen Sie alle Räume, während Sie wiederholen: "Engel des Überflusses, ich rufe deine Gegenwart in diesem

Haus, damit es uns an nichts fehlt und wir immer mehr haben, als wir brauchen".

Wenn Sie fertig sind, sagen Sie dreimal Danke und lassen Sie die Kerze brennen.

Sie können es an einem Sonntag oder Donnerstag zur Zeit des Planeten Venus oder Jupiter tun.

Die besten Rituale für die Liebe
Irgendwann im Oktober 2024.

Zauberspruch zum Vergessen einer alten Liebe

Sie benötigen:
- 3 gelbe pyramidenförmige Kerzen
- Meersalz
- Weißer Essig
- Olivenöl
- Gelbes Papier
- 1 schwarzes Säckchen

Dieses Ritual ist am effektivsten, wenn Sie es während der Phase des abnehmenden Mondes durchführen.

Sie schreiben in die Mitte des Papiers den Namen der Person, die Sie mit dem Olivenöl aus Ihrem Leben vertreiben wollen.

Dann stellt man die Kerzen in Form einer Pyramide darauf.

Während Sie diese Operation durchführen, wiederholen Sie in Ihrem Geist: "Mein Schutzengel kümmert sich um mein Leben, das ist mein Wunsch, und er wird in Erfüllung gehen".

Wenn die Kerzen verbraucht sind, wickeln Sie die Reste in dasselbe Papier ein und beträufeln sie mit dem Essig.

Legen Sie ihn dann in den schwarzen Sack und werfen Sie ihn an einen Ort außerhalb Ihres Hauses, vorzugsweise mit Bäumen.

Zauberspruch zum Anziehen des Seelenverwandten

Sie benötigen:
- Rosmarinblätter
- Blätter der Petersilie
- Basilikumblätter
- Metallbehälter
- 1 rote herzförmige Kerze
- Ätherisches Zimtöl
- 1 Herz auf rotem Papier gezeichnet

- Alkohol

- Lavendelöl

Sie müssen die Kerze zunächst mit dem Zimtöl weihen, sie dann anzünden und neben den Metallbehälter stellen.

Mischen Sie in dem Behälter alle Pflanzen. Schreiben Sie in das Papier Herz alle Eigenschaften der Person, die Sie in Ihrem Leben wollen, schreiben Sie die Details. Gießen Sie fünf Tropfen Lavendelöl auf das Papier und legen Sie es in den Behälter. Beträufeln Sie es mit Alkohol und zünden Sie es an. Alle Überreste sollten am Meeresufer verstreut werden. Während du das tust, konzentriere dich und bitte darum, dass diese Person in dein Leben kommt.

Ritual, um Liebe anzuziehen.

Sie benötigen.
- Rosenöl
- 1 Rosenquarz
- 1 Apfel
- 1 rote Rose in einer kleinen Vase
- 1 weiße Rose in einer kleinen Vase
- 1 lange rote Schleife
- 1 rote Kerze

Für maximale Wirksamkeit sollte dieses Ritual an einem Freitag oder Sonntag zur Zeit des Planeten Venus oder Jupiter durchgeführt werden.

Sie müssen die Kerze vor Beginn des Rituals mit Rosenöl weihen. Zünde die Kerze an. Schneiden Sie den Apfel in zwei Teile und stellen Sie einen in die rote und den anderen in die weiße Rosenvase. Binde das rote Band um die beiden Vasen. Lassen Sie sie die ganze Nacht neben der Kerze stehen, bis die Kerze ausgebrannt ist.

Während Sie dies tun, wiederholen Sie in Gedanken: "Möge die Person, die dazu bestimmt ist, mich glücklich zu machen, auf meinem Weg erscheinen, ich empfange und akzeptiere sie".

Wenn die Rosen getrocknet sind, vergraben Sie sie zusammen mit den Apfelhälften in Ihrem Garten oder in einem Topf mit dem Rosenquarz.

Die besten Rituale für die Gesundheit
Jeden Sonntag im Oktober 2024

Ritual zur Steigerung der Vitalität

Weichen Sie eine Aluminiumpyramide 24 Stunden lang in einem Eimer mit Wasser ein. Spülen Sie sich am nächsten Tag nach Ihrem normalen Bad mit diesem Wasser ab. Sie können dieses Ritual einmal pro Woche durchführen.

November 2024

Sonntag	Montag	Dienstag	Mittwoch	Donnerstag	Freitag	Samstag
					1 Neumond	2
3	4	5	6	7	8	9
10	11	12	13	14	15 Vollmond	16
17	18	19	20	21	22	23
24	25	26	27	28	29	30 Neumond

1. November 2024, Skorpion-Neumond 9°34'.

15. November 2024, Vollmond im Stier 24°00'.

30. November 2024, Schütze Neumond 9°32'.

Die besten Geld-Rituale

1., 15., 30. November 2024

Machen Sie Ihren Stein, um Geld zu verdienen

Sie benötigen:

- Erde

- Heiliges Wasser

- 7 Münzen eines beliebigen Nennwerts

- 7 Pyrit-Steine

- 1 grüne Kerze

- 1 Teelöffel Zimt

- 1 Teelöffel Meersalz

- 1 Teelöffel brauner Zucker

- 1 Teelöffel Reis

Sie müssen dieses Ritual bei Vollmond durchführen, also im Freien.

Gieße das Wasser mit der Erde in ein Gefäß, so dass es eine dicke Masse wird. Füge der Mischung die Teelöffel Salz, Zucker, Reis und Zimt hinzu und platziere an verschiedenen Stellen in der Mitte des

Teigs die 7 Münzen und die 7 Pyriten. Diese Mischung gleichmäßig vermischen und mit einem Löffel glattstreichen.

 Lassen Sie den Behälter die ganze Nacht im Licht des Vollmonds und einen Teil des nächsten Tages in der Sonne trocknen. Nach dem Trocknen nimmst du ihn mit in dein Haus und stellst die brennende grüne Kerze auf ihn.

Reinigen Sie den Stein nicht von den Wachsresten. Stellen Sie ihn in Ihrer Küche auf, möglichst nahe an einem Fenster.

Die besten Rituale für die Liebe
Jeden Freitag und Montag im November.

Magischer Spiegel der Liebe

Besorge dir einen Spiegel mit einem Durchmesser von 40 bis 50 cm und male den Rahmen schwarz an. Wasche den Spiegel mit Weihwasser und bedecke ihn mit einem schwarzen Tuch. In der ersten Nacht des Vollmonds lässt du ihn seinen Strahlen ausgesetzt, so dass du die gesamte Mondscheibe im Spiegel sehen kannst.

Bitte den Mond, diesen Spiegel zu weihen, damit er deine Wünsche erhellt.

In der nächsten Vollmondnacht schreibst du mit einem Lippenstift alles auf, was du dir in Sachen Liebe wünschst. Geben Sie an, wie Sie Ihre Partnerin in jeder Hinsicht haben möchten.

Du schließt die Augen und stellst dir vor, wie du glücklich bist und mit ihr zusammen bist. Du lässt die geschriebenen Worte bis zum nächsten Morgen liegen.

Dann reinigst du den Spiegel mit Weihwasser, bis keine Spuren mehr von der verwendeten Farbe zu sehen sind.

Legen Sie den Spiegel an einen Ort zurück, an dem ihn niemand berührt.

Du musst den Spiegel dreimal im Jahr mit der Energie der Vollmonde aufladen, um diesen Spruch zu wiederholen. Wenn du dies zu einer planetarischen Stunde tust, die mit Liebe zu tun hat, fügst du deiner Absicht eine Superkraft hinzu.

Passion Enhancement Spell

Sie benötigen:
- 1 Blatt grünes Papier
- 1 grüner Apfel

- Roter Faden
- 1 Messer

Dieses Ritual muss an einem Freitag zur Stunde des Planeten Venus durchgeführt werden.

Du schreibst auf das grüne Blatt Papier den Namen deines Partners und deinen eigenen und zeichnest ein Herz darum.

Schneiden Sie den Apfel mit dem Messer in der Mitte durch und legen Sie das Papier zwischen die beiden Hälften.

Dann die Hälften mit dem roten Faden verbinden und 5 Knoten machen.

Sie werden in den Apfel beißen und das Stück verschlucken.

Um Mitternacht vergraben Sie die Reste des Apfels so nah wie möglich am Haus Ihres Partners, wenn Sie zusammenwohnen, vergraben Sie ihn in Ihrem Garten.

Die besten Rituale für die Gesundheit
Jeden Donnerstag im November 2024

Ritual zum Beseitigen eines Schmerzes

Legen Sie sich mit dem Kopf nach Norden auf den Rücken und legen Sie eine gelbe Pyramide für 10 Minuten auf den Unterbauch, damit die Beschwerden verschwinden.

Entspannungsritual

Nimm eine violette Pyramide in die Hand und lege dich dann mit geschlossenen Augen auf den Rücken, halte deinen Geist leer und atme sanft. In diesem Moment wirst du spüren, dass deine Arme, Beine und dein Brustkorb taub werden.

Danach werden Sie sie schwerer spüren, das bedeutet, dass Sie völlig entspannt sind, dieses Ritual schafft Frieden und Harmonie.

Ritual für ein gesundes Älterwerden

Du musst ein großes Ei nehmen und es golden anmalen.

Wenn die Farbe getrocknet ist, stellst du sie in einen Kreis, den du mit 7 Kerzen (1 rote, 1 gelbe, 1 grüne, 1 rosa, 1 blaue, 1 violette, 1 weiße) auslegst. Sie setzen sich vor den Kreis, bedecken Ihren Kopf mit einem weißen Schal und zünden die Kerzen im Uhrzeigersinn an. Wiederholen Sie beim Anzünden der Kerzen die folgenden Affirmationen:

Ich bin dabei, die beste Version meiner selbst zu werden.
Meine Möglichkeiten sind endlos.
Ich habe die Freiheit und die Macht, das Leben zu gestalten, das ich mir wünsche.
Ich entscheide mich dafür, freundlich zu mir selbst zu sein und mich bedingungslos zu lieben.
Ich tue, was ich kann, und das ist genug.
Jeder Tag ist eine Chance für einen Neuanfang.
Wo immer ich auf meiner Reise bin, da gehöre ich hin.
Lassen Sie die Kerzen ausbrennen.

Dann vergräbt man das Ei in einem Tontopf, füllt ihn mit Strandsand und lässt ihn drei Tage und drei Nächte lang dem Licht der Sonne und des Mondes ausgesetzt.

Du bewahrst diesen Topf drei Jahre lang in deinem Haus auf. Am Ende dieser Zeit gräbst du das Ei aus, brichst die Schale auf und lässt alles, was du darin findest, als Schutzamulett in deinem Haus.

Zauberspruch zur Heilung von Schwerkranken

Legen Sie in einen Metallbehälter die Diagnose des Arztes und ein aktuelles Foto der Person. Stellen Sie zwei grüne Kerzen auf jede Seite des Behälters und zünden Sie sie an.

Verbrennen Sie den Inhalt des Behälters und fügen Sie während des Verbrennens die Haare der Person hinzu.

Wenn nur Asche vorhanden ist, legt man sie in einen grünen Umschlag, mit dem der Kranke 17 Tage lang unter seinem Kopfkissen schlafen soll.

Dezember 2024

Sonntag	Montag	Dienstag	Mittwoch	Donnerstag	Freitag	Samstag
1	2	3	4	5	6	7
8	9	10	11	12	13	14 Vollmond
15	16	17	18	19	20	21
22	23	24	25	26	27	28
29	30 Neumond	31				

15. Dezember 2024 Zwillinge Vollmond 23°52'.

30. Dezember 2024 Steinbock Neumond 9°43'.

Die besten Geld-Rituale

14., 20., 30. Dezember 2024

Hindu-Ritual zum Anziehen von Geld.

Die perfekten Tage für dieses Ritual sind Donnerstag oder Sonntag, zur Zeit der Planeten Venus, Jupiter oder Sonne.
Sie benötigen:
- Ätherisches Öl der Weinraute oder des Basilikums
- 1 Goldmünze
- 1 neue Handtasche oder Brieftasche
- 1 Weizenähre
- 5 Schwefelkies

Du musst die Goldmünze weihen, indem du sie mit Basilikum- oder Rautenöl salbst und sie Jupiter weißt. Während du sie salbst, wiederhole im Geiste:

"Ich möchte, dass du diese Münze mit deiner Energie durchtränkst, damit wirtschaftlicher Reichtum in mein Leben kommt".

Dann bestreichst du die Weizenähre mit Öl und bittest Jupiter, dass es in deinem Haus nicht an Nahrung mangelt. Du nimmst die Münze zusammen mit den fünf Pyriten und legst sie in den neuen Münzkasten, du musst sie vorne links in deinem Haus vergraben. Die Ähre bewahrst du in der Küche deines Hauses auf.

Geld und Reichtum für alle Familienmitglieder.

Sie benötigen:
- 4 Steingutbehälter
- 4 Pentakel #7 von Jupiter (Sie können sie ausdrucken)

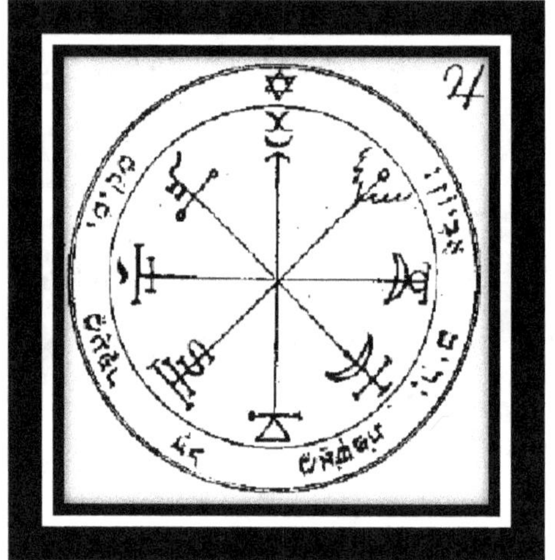

Pentagramm #7 der Jupiter.

- Honig
- 4 Zitrinen

Am Freitag zur Stunde des Planeten Jupiter schreibst du die Namen aller Personen, die in deinem Haus leben, auf die Rückseite des siebten Pentagramms von Jupiter.

Legen Sie dann jedes Stück Papier zusammen mit den Zitrusfrüchten in die Tontöpfe und gießen Sie Honig darüber.

Stelle die Töpfe in die vier Himmelsrichtungen deines Hauses.

Lassen Sie sie dort einen Monat lang stehen. Nach Ablauf dieser Zeit wirfst du den Honig und die Pentakel weg, aber den Zitrinen behältst du in deinem Wohnzimmer.

Die besten täglichen Rituale für die Liebe
Freitag und Sonntag Dezember 2024

Ritual, um eine Freundschaft in Liebe zu verwandeln

Dieses Ritual ist am wirkungsvollsten, wenn Sie es an einem Dienstag zur Stunde der Venus durchführen.

Sie benötigen:

- 1 Ganzkörperfoto der Person, die Sie lieben
- 1 kleiner Spiegel
- 7 deines Haares

- 7 Tropfen deines Blutes
- 1 rote Pyramidenkerze
- 1 goldenes Säckchen

Gieße die Tropfen deines Blutes auf den Spiegel, lege das Haar darauf und warte, bis es getrocknet ist. Legen Sie das Foto auf den Spiegel (wenn das Blut getrocknet ist).

Du zündest die Kerze an und stellst sie rechts neben den Spiegel, konzentrierst dich und wiederholst es:

"Wir sind für immer verbunden durch die Kraft meines Blutes und die Kraft der (Name der Person, die du liebst) Liebe, die ich für dich empfinde. Die Freundschaft endet, aber die ewige Liebe beginnt."

Wenn die Kerze verbraucht ist, musst du alles in den goldenen Beutel geben und ihn ins Meer werfen.

Germanischer Liebeszauber

Dieser Zauber ist am wirksamsten, wenn du ihn während der Vollmondphase um 23:59 Uhr nachts ausführst.

Sie benötigen:

- 1 Foto der Person, die Sie lieben

- 1 Foto von Ihnen

- 1 Weißes Taubenherz

- 13 Sonnenblumenblütenblätter

- 3 Stifte

- 1 rosa Kerze

- 1 blaue Kerze

- 1 neue Nähnadel

- Brauner Zucker

- Zimtpulver

- 1 Tisch

Legen Sie die Fotos oben auf das Brett, legen Sie das Herz darauf und stecken Sie die drei Stecknadeln hinein. Umgeben Sie sie mit den Sonnenblumenblättern und stellen Sie die rosa Kerze auf die linke und die blaue Kerze auf die rechte Seite und zünden Sie sie in der gleichen Reihenfolge an.

Du stichst dir in den Zeigefinger deiner linken Hand und lässt drei Blutstropfen über dein Herz fallen. Während das Blut fällt, wiederholst du dreimal: "Durch die Kraft des Blutes gehörst du (Name der Person) zu mir".

Wenn die Kerzen verbraucht sind, vergräbt man alles, und bevor man das Loch schließt, streut man Zimtpulver und braunen Zucker hinein.

Bann der Rache

Sie benötigen:
- 1 Flussstein
- Roter Pfeffer
- Foto der Person, die Ihre Liebe gestohlen hat
- 1 Topf
- Friedhofserde
- 1 schwarze Kerze

Sie müssen auf die Rückseite des Fotos die folgende Beschwörungsformel schreiben: "Bei der Macht der Rache verspreche ich dir, dass du es mir zurückzahlen und nie wieder jemandem wehtun wirst, du bist entlassen.

(Name der Person)".

Legen Sie dann das Foto der Person in den Boden des Topfes und legen Sie den Stein darauf, gießen Sie die Friedhofserde und den roten Pfeffer in dieser Reihenfolge.

Du zündest die schwarze Kerze an und wiederholst die gleiche Beschwörungsformel, die du hinter das Foto geschrieben hast. Wenn die Kerze verbraucht ist, werfen Sie sie in den Müll und den Blumentopf, den Sie an einem Ort hinterlassen, der ein Berg ist.

Die besten Rituale für die Gesundheit

Jeden Donnerstag im Dezember 2024

Kristalliner Grill für Gesundheit

*Der erste Schritt ist die Entscheidung, welches Ziel Sie manifestieren wollen. Sie schreiben auf ein Blatt Papier Ihre Wünsche in Bezug auf Ihre Gesundheit, immer im Präsens, sie sollten nicht das Wort **NEIN** enthalten. Ein Beispiel wäre: "Ich habe perfekte Gesundheit".*

Erforderliche Elemente.
- 1 großer Amethyst quarz (der Fokus)
- 4 Lari mär
- 4 kleine Karneol quarze
- 6 Tigerauge-Quarz
- 4 Zitrinen
- 1 Geometrische Figur der Blume des Lebens
- 1 weiße Quarzspitze zur Aktivierung des Gitters

Blume des Lebens.

Dieser Quarz sollte vor dem Ritual gereinigt werden, um die Steine von den Energien zu befreien, die sie möglicherweise absorbiert haben, bevor sie in Ihre Hände gelangen, am besten mit Meersalz. Lassen Sie sie über Nacht im Meersalz liegen. Wenn du sie herausnimmst, kannst du auch einen Palo Santo anzünden und sie räuchern, um den Reinigungsprozess zu verstärken.

Die geometrischen Muster helfen uns, besser zu visualisieren, wie sich die Energien zwischen den Knoten verbinden; die Knoten sind die entscheidenden Punkte in der Geometrie, sie sind die strategischen Positionen, an denen du die Kristalle platzierst, so dass ihre Energien miteinander interagieren und energetische Ströme mit hohen Schwingungen erzeugen (als wäre es ein Stromkreis), die wir in Richtung unserer Absicht lenken können.

Sie werden sich einen ruhigen Ort suchen, denn wenn wir mit kristallinen Geweben arbeiten, arbeiten wir mit universellen Energien.

Du nimmst die Steine einen nach dem anderen und legst sie in deine linke Hand, die du in Form einer Schale hältst, bedeckst sie mit deiner rechten Hand und wiederholst laut der Namen der Reiki-Symbole: Cho Ku Rei, Sei He Ki, Hon Sha Ze Sho Nen und Dai Ko Mio, jeweils drei Mal hintereinander.

Sie werden dies tun, um Ihre Steine zu energetisieren.

*Falten Sie Ihr Papier und legen Sie es in die Mitte des Netzes. Du legst den großen Amethyst quarz obendrauf, dieser Stein in der Mitte ist der Fokus, die anderen legst du wie im *Beispiel.*

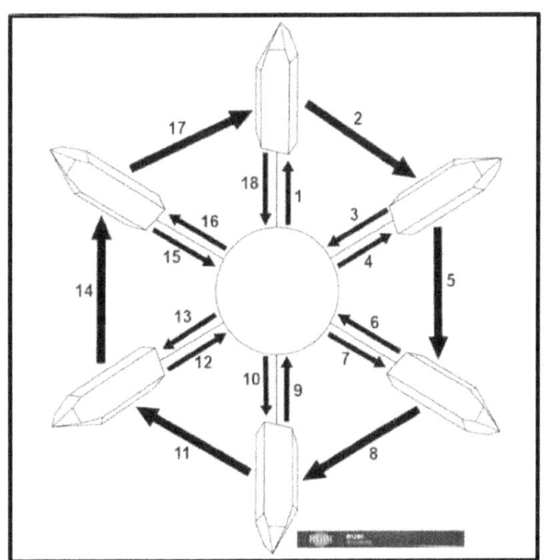

Sie verbinden sie mit der Quarzspitze, beginnend mit dem Kreisfokus im Uhrzeigersinn.

Wenn Sie den Grill aufgestellt haben, lassen Sie ihn an einem Ort stehen, an dem ihn niemand berühren kann. Alle paar Tage sollten Sie ihn wieder anschließen, d.h. mit der Quarzspitze aktivieren, indem Sie in Gedanken visualisieren, was Sie auf das Papier geschrieben haben.

Über den Autor

Zusätzlich zu ihrem astrologischen Wissen verfügt Alina A. Rubi über eine reichhaltige berufliche Ausbildung; sie hat Zertifizierungen in Psychologie, Hypnose, Reiki, bioenergetischer Kristallheilung, Engelsheilung, Traumdeutung und ist spirituelle Lehrerin. Rubi verfügt über Kenntnisse in Gemmologie, die sie nutzt, um Steine oder Mineralien zu programmieren und sie in kraftvolle Amulette oder Talismane des Schutzes zu verwandeln.

Rubi hat einen praktischen und zielgerichteten Charakter, der es ihr ermöglicht hat, eine besondere und integrative Vision von mehreren Welten zu haben, die Lösungen für spezifische Probleme ermöglicht. Alina schreibt die Monatshoroskope für die Website der American Asociation of Astrologers; Sie können sie unter www.astrologers.com lesen. Zurzeit schreibt sie eine wöchentliche Kolumne in der Zeitung El Nuevo Herald über spirituelle Themen, die jeden Sonntag in digitaler Form und montags in gedruckter Form erscheint. Er hat auch ein Programm und ein wöchentliches Horoskop auf dem YouTube-Kanal dieser Zeitung. Ihr Astrologisches Jahrbuch wird jedes Jahr in der Zeitung "Diario las Américas" in der Rubrik Rubi Astrologa veröffentlicht.

Rubi hat mehrere Artikel über Astrologie für die monatliche Publikation "Today's Astrologer" verfasst *und Kurse über Astrologie, Tarot, Handlesen, Kristallheilung und Esoterik gegeben. Auf ihrem YouTube-Kanal stellt sie wöchentlich Videos zu esoterischen Themen zur Verfügung: Rubi Astrologa. Sie hatte ihre eigene Astrologie Sendung, die täglich über Flamingo T.V. ausgestrahlt wurde, wurde von mehreren Fernseh- und Radiosendungen interviewt und veröffentlicht jedes Jahr ihr "Astrologisches Jahrbuch" mit dem Horoskop nach Sternzeichen und anderen interessanten mystischen Themen.*

Sie ist Autorin der Bücher "Reis und Bohnen für die Seele" Teil I, II und III, einer Zusammenstellung von esoterischen Artikeln, die in Englisch, Spanisch, Französisch, Italienisch und Portugiesisch veröffentlicht wurden. "Geld für alle Taschen", "Liebe für alle Herzen", "Gesundheit für alle Körper", Astrologisches Jahrbuch 2021, Horoskop 2022, Rituale und Zaubersprüche für den Erfolg im Jahr 2022 und 2023 Zauber und Geheimnisse, Astrologie Kurse, Rituale und Zaubersprüche 2024 und Chinesisches Horoskop 2024, alle in neun Sprachen erhältlich: Englisch, Russisch, Portugiesisch, Chinesisch, Italienisch, Französisch, Spanisch, Japanisch und Deutsch.

Rubi spricht perfekt Englisch und Spanisch und kombiniert alle ihre Talente und Kenntnisse in ihren Lesungen. Sie wohnt derzeit in Miami, Florida.

*Weitere Informationen finden Sie **auf der Website** www.esoterismomagia.com.*

Angeline A. Rubi ist die Tochter von Alina Rubi. Sie ist die Herausgeberin aller Bücher. Derzeit studiert sie Psychologie an der Florida International University. Sie ist die Autorin von „Protein für den Geist" einer Sammlung von metaphysischen Artikeln.

Seit ihrer Kindheit interessiert sie sich für metaphysische und esoterische Themen und praktiziert Astrologie und Kabbala seit ihrem vierten Lebensjahr. Sie hat Kenntnisse in Tarot, Reiki und Gemmologie.

*Für weitere Informationen kontaktieren Sie sie bitte per E-Mail: **rubiediciones29@gmail.com***